Maik Hosang

Die Liebe ist ein Kind der Freiheit

Das Buch

Eine Naturgeschichte unserer menschlichen Sehnsüchte: der Neurobiologe Gerald Hüther und der praktische Philosoph Maik Hosang zeigen je
aus ihrer Sicht, wie die Sehnsucht nach Unabhängigkeit und Freiheit und
der Wunsch nach Zugehörigkeit und Verbundenheit erfüllt werden kann.
Neue Erkenntnisse schärfen den Blick auf den Ursprung unserer Sehnsüchte nach Liebe. Ein Buch, das von zwei Seiten und aus zwei Perspektiven zu lesen ist, die sich in der Mitte begegnen.

Die Autoren

Maik Hosang, Dr. phil., habilitierter Sozialökologe, Mitgründer des
Modellprojekts LebensGutPommritz, wo er auch lebt. Zahlreiche Veröffentlichungen.

Gerald Hüther, Prof. Dr. nat., Dr. med. habil., Leiter der Zentralstelle für
Neurobiologische Präventionsforschung der Psychiatrischen Klinik der
Universität Göttingen und Präsident der Sinn-Stiftung.
www.gerald-huether.de.

Maik Hosang

Die Liebe ist ein Kind der Freiheit

Eine Geistesgeschichte unserer
menschlichsten Sehnsüchte

HERDER

FREIBURG · BASEL · WIEN

HERDER spektrum Band 6871

MIX
Papier aus verantwor-
tungsvollen Quellen
FSC® C083411
www.fsc.org

Umschlaggestaltung: Designbüro Gestaltungssaal
Umschlagmotiv: © shutterstock

Satz: de·te·pe, Aalen
Herstellung: CPI books GmbH, Leck

Printed in Germany

ISBN 978-3-451-06871-3

Inhalt

Falls auch Sie zu jenen Lesern zählen, die erst einmal hinten, auf den letzten Seiten eines Buches, herauszufinden versuchen, worauf die Geschichte darin hinausläuft, dann werden Sie irritiert sein. Denn auf den letzten Seiten dieses Buches finden Sie den gleichen Anfang, den Sie gerade lesen; egal, wie herum Sie es lesen, Sie finden zuerst dieses Vorwort. Denn dieses Buch beginnt von zwei Seiten; eigentlich sind es zwei Bücher, die in der Mitte zusammen führen: weil sie zwei Aspekte behandeln, die als untrennbare Komponenten oder Bestandteile unseres Seins miteinander verbunden sind – auch wenn sie bisher in den meisten Betrachtungen immer wieder voneinander getrennt worden sind.

Deshalb haben wir uns für diese ungewöhnliche Form der Darstellung entschieden. Aus zwei verschiedenen Perspektiven, einer geisteswissenschaftlichen und einer naturwissenschaftlichen, suchen wir hier nach dem Zusammenhang zweier Pole unseres Seins, die unsere Existenz und unser Selbstverständnis als Menschen bestimmen: Nämlich einerseits unsere Fähigkeit, uns als Liebende hinzugeben und in Verbundenheit mit anderen zu leben – und andererseits unser Streben nach Selbstbestimmung und Unabhängigkeit, nach einem Leben, das jede und jeder von uns in Freiheit selbst gestalten kann.

Woher kommt die Fähigkeit zu lieben? Woraus erwächst diese tiefe Sehnsucht nach Autonomie und Freiheit? Und wie lässt sich beides miteinander vereinbaren? Ist die Sehnsucht nach beidem der menschlichen Natur mitgegeben? Oder hat sie sich im Laufe der Ideengeschichte von Generation zu Generation so sehr mit unseren Vorstellungen verbunden, dass sie allmählich zu einem festen Bestandteil unseres eigenen Selbstverständnisses geworden ist?

Das sind die zentralen Fragen, denen wir in diesem Buch von zwei Seiten aus nachgehen. In der Mitte begegnen sich die Überlegungen, und das ist kein Zufall: das Zusammen-finden der beiden Sehnsüchte nach Verbundenheit und Freiheit ist nicht das Ende, sondern eher der zentrale Ort, von dem aus alles Weitere ausgeht.

Welche der beiden Seiten für Sie nun vorne und welche hinten ist und ob Sie also von hinten oder von vorn zu lesen anfangen, liegt ganz bei Ihnen. Ankommen werden Sie dort, wo sich jeder Anfang mit seinem Ende verbindet.

Wir erleben einen spannenden Zeitpunkt der Geschichte: Entweder die sich seit gut 200 Jahren weltweit zunehmend durchsetzenden Freiheitsbestrebungen der Menschen werden reif für eine neue, freie Verbundenheit; oder ihre Ängste, die noch in der Unfreiheit gebunden sind, führen dazu, dass weite Teile der Erde verwüstet werden und das Experiment Mensch in eine Sackgasse gerät.

Frei zu sein von Bindungen der Sippe, Traditionen und Autoritäten, die unsere menschliche Seele einengen und ihren Entdeckungs- und Entfaltungsdrang behindern, ist eine tiefe menschliche Sehnsucht. Mit den amerikanischen und französischen Revolutionen des 18. Jahrhunderts wurde sie zu einer Leitvorstellung vieler Menschen in vielen Ländern der Erde. Damals begann eine neue Epoche, der Strom der Freiheit riss viele Seelen und Nationen mit – und er provozierte Gegenbewegungen. Restaurationen der Unfreiheit und neue Aufbrüche der Freiheit folgten. Allein im 20. Jahrhundert sorgten in Europa mehrere außergewöhnlich starke Freiheitsbewegungen für Entwicklung:

Gleich nach der Jahrhundertwende brachten um 1900 der globale wirtschaftliche und kulturelle Austausch und die sogenannte Jugendbewegung frische Luft und neue Ideen in den politischen und kulturellen Mief, der seit 1848 geherrscht hatte – mit atmenden Gartenstädten, verspieltem Jugendstil, entspannter Freikörperkultur und emanzipatorischen Gedanken.

Allerdings gab es zu wenige Erfahrungen, Formen und Regeln, um solchen Freiheitsdrang zu integrieren; und er machte vielen Traditionalisten auch Angst. Ab 1930 folgte eine politisch-ideologische Gegenreaktion, die weite Teile der Erde überschwemmte. Diese stieß zum Glück auf ausreichend Widerstand; als die Welt dann seit 1945 quasi geteilt war, herrschte in der einen, (östlichen) Hälfte eine zwar sozial relativ ausgleichende, doch letztlich unfreie Ideologie. In der anderen (westlichen) Hälfte, herrschte eine Ideologie der Freiheit, die angesichts ihres Gegenparts im anderen Weltteil auch Züge sozialer Gerechtigkeit aufwies.

In den späten 60er- und frühen 70er-Jahren brachen sich in Ost wie West vor allem kulturelle und individuelle Freiheitssehnsüchte neu Bahn. Dieser Aufbruch beseitigte manche innere Blockaden; fast musste er aber vor den scheinbar unverrückbaren äußeren Mauern – massiver Ausdruck innerer Panzer und äußere Grenze der Bewegungsfreiheit – völlig Halt machen.

Trotz äußerer und innerer Mauern aber wuchs die Freiheitskraft vieler Menschen weiter und ermöglichte 1989 schließlich auch den Fall der Mauern zwischen Ost und West. Es folgte ein geradezu globaler Freiheitsrausch. Und die möglichst ungebremste freie Bewegung und Initiative des freien Individuums wurde zum A und O von Wirtschaft, Gesellschaft und Kultur. Im Überschwang solcher Freiheitslust wurde auch manches hinweggefegt, was nach der ersten großen Freiheitskrise, nach 1945, zur Regulierung der Gier ungebändigter Selbstbehauptung eingeführt worden war. Die Finanzwirtschaft, zuvor zumindest hauptsächlich dazu da, produzierende Unternehmen zu finanzieren, wurde zunehmend zum Selbstzweck. Inzwischen hat unser Planet heute mehr Geldmillionäre denn je, aber bald nicht mehr genug fruchtbare Erde und frisches Wasser für all die auf ihm lebenden Menschen.

Was also ist Freiheit und wohin führt sie? Woher kommt diese starke Sehnsucht in uns Menschen, und wie hat sie sich geschichtlich entwickelt? Führt sie zwangsläufig dazu, dass die sich selbst frei entfaltenden und behauptenden Menschen als Milliarden von Egoisten die Erde und damit ihre Lebensgrundlage und letztlich sich selbst zerstören? Oder ist die Freiheit noch nicht zu der Reife gelangt, die es braucht, um das Leben auf der Erde verantwortlich zu gestalten? Könnte wirklich freien Menschen noch ganz anderes in dieser Welt gelingen?

Woher diese Sehnsüchte nach Freiheit und Verbundenheit, die vermutlich allen Menschen gemeinsam sind, letztlich kommen, können wir an dieser Stelle offen lassen. Manches spricht dafür, dass ihre Quelle im Ursprung des Universums insgesamt zu finden ist: Was ursprünglich eines war, begann sich in immer mehr und vielfältigere Seinsformen zu entfalten, die jede für sich einzigartig und dennoch durch uns unsichtbare Felder miteinander verbunden sind. Bereits auf der elementaren Ebene des Seins gibt es das paradoxe Phänomen von Selbständigkeit und Zugehörigkeit: Die elementaren Strukturen des Lichts erscheinen einerseits als einzelne Quanten, andererseits zugleich als in sich verbundende Welle.

Im Unterschied zu den Quanten gibt es für uns Menschen eine zusätzliche Möglichkeit, tragen wir eine weitere Sehnsucht und Bestimmung in uns: Wir können das Zusammenspiel von Freiheit und Verbundenheit erkennen und so bewusster, und das heißt: auch intensiver und freudvoller verwirklichen. Ohne dieses Bewusstsein können die beiden anderen Sehnsüchte nicht wirklich erblühen. Dieses Buch vertritt die Idee, dass schon die bisherige, aber mehr noch die künftige Menschheitsgeschichte letztlich davon bestimmt ist, inwieweit es Menschen gelingt, diese drei Potenziale von Freiheit, Verbundenheit und Bewusstsein zu verwirklichen. Damit behaupten wir nicht, dass diese die einzigen Triebkräfte und Einflussfaktoren geschichtlicher Ereignisse und Innovationen sind. Im historischen Auf und Ab und in der Wechselwirkung, in der Individuen und Stämme, Nationen, Wirtschaftsbewegungen und Kulturen stehen, spielen viele andere Faktoren jeweils die erste Geige. Entwicklungen sind nie monokausal – klimatische und geologische Bedingungen, materielle und ideelle Ressourcen, Macht und Machtgier, Konkurrenzen, Eifersucht und andere menschliche Leidenschaften sowie deren Zusammenspiel wirken in je konkreten geschichtlichen Vorgängen. Der Kampf ums Überleben und der Wunsch nach einem besseren Leben sind Auslöser für wirtschaftliche, technische, medizinische Erfindungen und Entwicklungen. Bei alldem spricht jedoch vieles dafür, dass in diesem Auf und Ab die eigentlichen Fortschritte der Geschichte wesentlich durch die drei genannten Sehnsüchte und Potenziale ermöglicht werden.

2. Wie wir Menschen wurden

Evolution: Der freie Blick und das Gefühl der Verbundenheit

Die Geschichte von Freiheit und Verbundenheit beginnt mit der Menschwerdung. Anthropologen machen für die Entstehung des Menschen verschiedene Entwicklungen verantwortlich. Insbesondere werden meist folgende hervorgehoben:

- Die Herausbildung des aufrechten Ganges, damit auch das Freiwerden der Hände und die Erweiterung des Blickfeldes;
- die Herausbildung von Großhirn und Sprachhirn als Grundlagen für Denken und Sprechen;
- die Verzögerung organismischer Reifeprozesse und damit eine gewisse Verjugendlichung (»Juvenilisierung«) der gesamten menschlichen Existenz. Das führte neben der längeren Kindheit und Lernfähigkeit dazu, dass sich angeborene Verhaltensinstinkte nicht mehr wie im Tierreich verfestigen, sondern zum Teil lebenslang formbar bleiben.

Diese Entwicklungen – die Öffnung der Instinkte zur Lernfähigkeit, die vergrößerten Hirnbereiche fürs Denken und Sprechen sowie das Freiwerden der Hände und des Blickfelds – trugen alle zur Herausbildung dessen bei, was wesentlich zur Freiheit gehört: Menschen können sich einen Überblick über Situationen verschaffen und darüber nachdenken, welches Verhalten jeweils am sinn- und freudvollsten wäre. Und Menschen sind nicht an ihre Gefühle, Ziele und Gewohnheiten gebunden; sie haben die Fähigkeit, sie zu verändern, wenn sich andere Gefühle, Ziele und Gewohnheiten als sinn- und freudvoller herausstellen.

Für den Zusammenhang, den wir in den Blick nehmen, ist die Tatsache interessant, dass sich diese Voraussetzungen und Fähigkeiten für freies Entscheiden und Handeln in dem Maße entwickelten, in dem auch Potenziale der gegenseitigen Verbundenheit entstanden. Die wichtigsten Facetten der evolutionären Herausbildung dieses Aspektes sind folgende:

- Die Brunftzyklen im Tierreich, die die Möglichkeiten zur Fortpflanzung auf einen kurzen Zeitraum begrenzten, wurden zur ganzjährigen sexuellen Bereitschaft bei Menschen. So konnte sich die Sexualität und der mit ihr verbundene körperliche Kontakt über ihre bloße Fortpflanzungsfunktion hinaus zu einem Medium ganzheitlicher und gegenseitiger Kommunikation, Wertschätzung und Verbundenheit entwickeln.
- Die Brutpflege, also ein Instinkt dafür, den eigenen Nachwuchs bis zu einem bestimmten Reifegrad zu behüten und mit allem Lebensnotwendigen zu versorgen, ist bei Tieren unterschiedlich ausgeprägt. Bei der Entwicklung der Säugetiere zum Menschen haben die Eltern ihre Kinder für immer längere Zeiten umsorgt. Die vielgerühmte »Mutterliebe« wurde Ausgangspunkt einer der wichtigsten Schritte der Menschwerdung. Die besondere Qualität dieser Emotion, für das konkrete Wohlergehen anderer und nicht nur des eigenen Organismus zu fühlen

und zu handeln, blieb nicht auf die biologischen Mütter beschränkt: Auch andere Verwandte des Nachwuchses entwickelten die Fähigkeit, sich fürsorgend um die Kinder der Sippe zu kümmern. Ein entscheidender Schritt dabei war die Aktivierung dieser Gefühlshaltung auch bei Männern. Ein weiterer evolutionärer Schritt war es, diese Haltung der Empathie und die praktische Fürsorge nicht mehr nur den Kindern gegenüber aufzubringen, sondern auch andere Wesen einzubeziehen: Erwachsene, Tiere, Pflanzen. So können Menschen auf einer weiteren Abstraktionsebene für Stammesverbände, Nationen, die gesamte Menschheit und die Existenz insgesamt fühlen und sich für ihr Wohlergehen engagieren.

■ So wurden Menschen gemeinschaftliche Kinderhüter. Ein wesentlicher Grund dafür waren das größere Hirn und die längere Kindheit. Bei Menschenaffen war es angesichts der zwei bis drei Jahre währenden Reifezeit des Nachwuchses machbar, dass die Mutter sich diesem fast ausschließlich selbst widmete. Es blieb noch genug Zeit für weiteren Nachwuchs. Bei einer Reifezeit von 14 bis 16 Jahren, wie Menschenkinder sie aufgrund ihrer größeren Ausdifferenzierung haben, ist das jedoch uneffektiv. Eine Sippe, deren Frauen im besten Alter sich jeweils 16 Jahre lang vorwiegend um ein Kind kümmern, würde bald mangels Nachwuchs aussterben. Auch braucht das große und sehr variabel entwickelbare menschliche Gehirn viel mehr Reifeimpulse in Form liebevoller Zuwendung und Anregungen als nur die einer einzigen Bezugsperson.

So zeigt sich, dass die Menschwerdung des Affen viele verschiedene Veränderungen des Körpers, des Verhaltens, der Umwelt- und Selbstwahrnehmung umfasste. Und unter der Oberfläche zufälliger evolutionärer Entwicklungen und Umstände dieser Vorgeschichte erscheint ein erstaunliches Muster: es sieht danach aus, als ob die Evolution (oder die

Schöpfung, oder wie immer wir diese Menschwerdung bezeichnen mögen) uns vor allem dazu befähigen wollte, sowohl freie als auch miteinander verbundene Wesen zu werden.

Die geschilderte Entstehung unserer Fähigkeiten zur Freiheit und Verbundenheit ist in gewisser Weise nur der Ausgangspunkt der Geschichte. Diese im Prozess des Übergangs vom Tier zum Menschen herausgebildeten Potenziale wurden erst in dem Maße praktisch wirksam, in dem sie sich dann kulturell selbst verstärkten. Dies soll anhand von zwei entscheidenden Kulturleistungen der frühen Menschheitsgeschichte kurz nachvollzogen werden: der Herausbildung erster menschlicher Gesellschaften und der Entwicklung der menschlichen Sprache.

Machtdominanz oder Verbundenheit – was setzt sich durch?

Lebewesen, die nicht als Einzelne, sondern in Rudeln, Herden oder Horden leben, brauchen dazu eine Organisationsform, die dafür sorgt, dass nicht inneres Chaos die Herde schwächt, sondern möglichst geordnetes Verhalten bei der Nahrungsfindung und der Verteidigung gegenüber Feinden sie stärkt. Noch bei den Menschenaffen sind es fast immer männliche Wesen, welche die Horde dominierten und dadurch organisierten. Eine Ursache dafür, dass noch heute Männer eher dazu neigen, mit Dominanz-, Droh- und Machtritualen zu reagieren, findet sich in den biologischen Unterschieden zwischen Männern und Frauen und hat unter anderem mit dem männlichen Sexualhormon Testosteron zu tun. Ein Nachteil der auf ihre Weise Ordnung schaffenden Dominanzhierarchien besteht darin, dass das dominante Männchen instinktiv bestrebt ist, gleichwertige Stärke bei anderen Mitgliedern der Horde zu verhindern.

Bei der Entwicklung zur Menschwerdung hat die oben bereits genannte Öffnung der Instinkte auch die Dominanzinstinkte relativiert. Zusammen mit der Ausformung der ebenfalls genannten Potenziale der Verbundenheit auch in Männern bewirkte dies, dass eine ganz neue Art und Weise sozialer Organisation entstehen konnte; erst jetzt verdient sie den Namen »sozial«. In den frühen Blütezeiten menschlicher Geschichte waren es nicht zufällig oft Frauen, welche Gemeinschaften vorstanden, die statt eindimensionaler Hierarchien eine vielseitige Entwicklung aller Gemeinschaftsmitglieder ermöglichten. Die unten noch näher ausgeführten wichtigen Kulturleistungen waren vermutlich nur dort möglich, wo ein dominanzfreies, kooperatives, fast liebevolles soziales Klima vielen Einzelnen eine relativ freie Entfaltung ihrer kreativen Potenziale ermöglichten. Dementsprechend waren auch die als große Vorbilder – später als »Göttinnen« oder »Götter« – verehrten Gestalten dieser frühen Blütezeiten menschlicher Geschichte meist weiblich. Die Bücher Marija Gimbutas' über »*Die Zivilisation der Göttin*« und »*Die Sprache der Göttin*« oder Sarah Blaffer Hrdys: »*Mothers and Others: The Evolutionary Origins of Mutual Understanding*« geben dazu nähere Auskunft.

So kann also gesagt werden: Primär dominanzorientierte Horden und Gesellschaften bieten kaum Raum für die Entfaltung individueller Vielfalt und Kreativität. Menschliche Gemeinschaften und zivilisatorischer Fortschritt beruhen jedoch gerade auf der Anerkennung, Wertschätzung und damit Stärkung vielseitiger individueller Potenziale. Sie sind dadurch erfinderischer, lernfähiger und damit in friedlichen Zeiten erfolgreicher.

Angesichts dieser Feststellung wird die Frage aufkommen, warum diese von gegenseitiger Wertschätzung und freier menschlicher Potenzialentwicklung und nicht von gewaltvoller Machtausübung und Dominanz beherrschten Gesellschaften in der bisherigen geschichtlichen Entwick-

lung eher als Ausnahme denn als Regel erscheinen. Kultur-
historische Forschungsergebnisse geben darauf folgende
Antwort:

Neben frühen gesellschaftlichen Blütezeiten gab es immer
wieder auch Zeiten der Not, oft entstanden durch Klimaver-
änderungen. In solchen Zeiten des Hungers und der Überlebensangst tendieren Gesellschaften instinktiv dazu, mit
Verzweiflung und Aggressivität vor allem für das eigene
Überleben zu sorgen. Zur Vermeidung des dann drohenden
sozialen Chaos' im Inneren als auch zur Verteidigung gegenüber von ähnlicher Not heimgesuchten feindlichen Gruppen
gewinnen in solchen Zeiten darum oft die aggressiveren und
dominanzorientierten Verhaltensweisen die Oberhand. Ist
ein solcher Umschlag zu Dominanz und Aggression statt
Freiheit und Verbundenheit in einer bestimmten Gruppe
oder Gesellschaft erst einmal erfolgt, besteht außerdem die
Neigung, dass er sich fortsetzt. So werden nach außen hin
Eroberungskriege geführt, obwohl gar keine eigene Not
mehr vorhanden ist; und in der Gruppe oder Gesellschaft
selbst werden durch aggressionsorientierte Erziehungstech-
niken freiheits- und verbundenheitsorientierte Verhaltensweisen unterdrückt und verdrängt statt gefördert.

Ein einfaches und schönes Zeichen dafür, inwieweit das
Klima des Zusammenlebens in einer Gesellschaft eher von
Freiheit und Verbundenheit als von Macht und Angst bestimmt ist, ist in der Art und Weise ihrer Kommunikation
zu finden. Es gibt bestimmte freundliche Arten des Lachens
und des Lächelns, die in jeder menschlichen Kultur und Zivilisation jene Qualität von Freiheit und Verbundenheit sig-
nalisieren. Unseren Kindern ist es bereits angeboren, und sie
drücken damit recht zeitig ihre Sehnsucht nach einer Welt
aus, in der sie sowohl frei als auch verbunden leben können.
Wenn in Gruppen und Gesellschaften jedoch Angst und
Macht zu dominieren beginnen, verschwindet mit Freiheit
und Verbundenheit auch dieses Lächeln immer mehr.

Dass die Kommunikation innerhalb menschlicher Gesellschaften eine wesentliche Rolle dafür spielt, inwiefern sie sich nicht vorwiegend durch hierarchische Rangfolgen strukturieren, sondern vielfältige Potenzialentfaltungen aller Individuen zulassen, ist unschwer nachvollziehbar. Für die Organisation und Regulation von Hierarchien gab und gibt es angeborene Verhaltensmuster und wechselseitige Signalsysteme aus dem Tierreich. Dominantere Organismen äußern sich gegenüber Rangniederen durch bestimmte Gesten – offene oder subtile Drohgebärden gehören dazu oder latent aggressive Tonlagen. Rangniedere reagieren darauf mit entsprechenden Unterordnungssignalen.

Für die anderen auf frühen Formen von Freiheit und Liebe beruhenden Gemeinschaftsformen war damit jedoch nicht viel anzufangen. Dafür brauchte es neue Formen der Kommunikation, für die es im Tierreich kaum Vorbilder gab.

Jean-Jacques Rousseau, ein französischer Philosoph des 18. Jahrhunderts, äußerte in seinem »Essay zur Entstehung der menschlichen Sprache« eine erstaunliche Intuition. Er vermutet darin, dass die uns Menschen auszeichnende Lautsprache letztlich vor allem durch unsere Fähigkeit zur Liebe, zu freier Verbundenheit also, entstand. Nur unser freier Blick auf andere Wesen und ein Gefühl der Verbundenheit mit ihnen befähige uns dazu, diese anderen Wesen oder Dinge nicht einfach nur als Objekte zur Befriedung unserer Bedürfnisse zu sehen, sondern in ihnen eigenständige Wesen zu erkennen und ihnen deshalb auch einen eigenen Namen zu geben.

Aus der Tatsache, dass die Entstehung der menschlichen Wortsprache vermutlich sehr viel mit unseren Fähigkeiten zu Freiheit und Verbundenheit zu tun hat, lässt sich jedoch nicht schlussfolgern, dass Sprache immer oder vor allem in diesem Sinne genutzt wird. Mit der Sprache ist es wie mit vielen Erfindungen: Sie sind vor Missbrauch nicht ge-

schützt. Einmal vorhanden, können sie ebenso zum Zweck
von Gewalt und Unfreiheit eingesetzt werden wie im Sinne
von Verbundenheit und Freiheit.

Für die weiteren Überlegungen ist zu beachten, dass die
besondere Qualität der menschlichen Laut- und Wortsprache durch ein Zusammenspiel von drei Dimensionen entsteht: Sie bezeichnet erstens eine bestimmte *Lautfolge*, oder
später eine bestimmte *Schriftzeichenfolge* (beispielsweise
das Wort »Apfel«, das aus den fünf Laut- oder Schriftzeichen A, P, F, E, L besteht) zweitens eine bestimmte *Sache*.
Zum Beispiel jene Frucht, die wir »Apfel« nennen und die
von Natur aus ganz und gar nichts mit diesen Lautfolgen
und Schriftzeichen zu tun hat. Diese Laute und Buchstaben
assoziieren nun drittens in unserem Hirn nicht nur die *Vorstellung* eines Apfels, sondern aktivieren dort zugleich eine
Vielfalt von *Emotionen und Gefühlen*, die sich in unserer
Lebensgeschichte mit dieser Apfelfrucht verbindet. So erweckt das Wort »Apfel« in uns nicht nur das Wissen um einen Geschmack von Saftigkeit und Süße, sondern auch mit
ganz anderen Gefühlen verbundene Erinnerungen an Situationen, in denen Äpfel eine Rolle spielen. In unserem
Kulturkreis kann das etwa die Paradiesfrucht sein, der
»Apfel« vom »Baum der Erkenntnis« in der Legende von
Adam und Eva ...

Der Unterschied der menschlichen Wortsprache zu den
Lautsignalen des Tierreichs besteht also nicht nur in der
unendlichen Vielfalt erlernbarer und kommunizierbarer
Wörter und dadurch bezeichneter Sachverhalte. Ebenso
wesentlich ist die erst durch diese vielfältigen Worte mögliche vielfältige Organisation unserer Emotionen und Gefühle und damit unseres gesamten Lebens. Im Großhirn
werden die erlernten Wortlaute mitsamt den dadurch be-
zeichneten Sachverhalten und den damit verbundenen
emotionalen Bedeutungen gespeichert. So entstehen »Wissen« und »Erkenntnis«. »Denken« ist die damit verwandte

Fähigkeit, die Zusammenhänge zwischen Dingen oder anderen Menschen und der eigenen Gefühlswelt im eigenen Hirn durchspielen und dabei auch ganz neue Zusammenhänge entdecken oder erfinden zu können.

»Bewusstsein« im eigentlichen Sinn des Wortes schließlich entsteht dann, wenn das Wissen und Denken sich selbst zum Gegenstand wird und ich nicht nur weiß, was ich weiß, sondern auch, *dass* ich weiß; dass also die Tatsache des Denkens bei meinem Denken immer mit bedacht ist. Hier schließt sich der Kreis zum Beginn dieses Abschnitts: So wie die menschliche Wortsprache ursprünglich vermutlich aus unserer Fähigkeit zu freier Verbundenheit oder Liebe entstand, so ist auch unser Potenzial des Bewusstseins oder bewussten Seins an diese beiden Fähigkeiten gebunden. Ohne innerlich frei und verbunden zu sein, kann ich zwar alles Mögliche denken und konstruieren und dadurch auch manches erzwingen; aber es gelingt mir nicht, die Dinge wirklich wahrzunehmen, wie sie aus sich heraus und in ihrer Verbindung miteinander sind. Anders ausgedrückt: Ich kann mir anderer Dinge und Wesen oder auch meiner selbst nur dann im besten Sinne des Wortes »bewusst« sein, wenn ich einerseits ausreichend frei bin von Emotionen der Angst oder Macht, die meine Wahrnehmung einschränken, und wenn ich andererseits zugleich ausreichend verbunden bin mit den Dingen, Wesen oder mir selbst.

Die philosophischen Anfänge im Westen

Im ersten Kapitel haben wir gezeigt, dass die Herausbildung von Potenzialen der Freiheit und Verbundenheit entscheidend für die ursprüngliche Menschwerdung war. Mit diesem Kapitel lade ich Sie zu einer kleinen Reise durch die Geschichte ein. Wir beleuchten Zeiten, Orte und Menschen, die dazu beigetragen haben, dass das menschliche Bewusstsein für die Bedeutung dieser Potenziale für das eigene Leben und für das Schicksal der Erde insgesamt gewachsen ist.

Wir beginnen unsere Reise dort, wo erstmals konzentriert über die Grundfragen menschlichen Daseins nachgedacht wurde: bei den alten Griechen. Angesichts der vielen philosophischen Positionen, die es auch damals bereits gab, beschränken wir uns dabei auf jene zwei Vertreter, die sich deutlicher als die anderen mit der Erkenntnis des Zusammenspiels von Freiheit und Verbundenheit beschäftigten: Sokrates und Epikur. Was wir von ihnen wissen, beruht auf den Erinnerungen, die dieser oder jener ihrer Gesprächspartner aufgenommen und aufgeschrieben oder wiederum weitergesagt hat, bis es irgendwann ein anderer festhielt, weil er den erinnerten Gedanken bemerkenswert fand. An diese Art der Gesprächskultur knüpft auch dieses Buch in seiner Form an: Indem wir immer wieder andere mit ihren Gedanken zu Wort kommen lassen und sie zitieren, ihre Ideen aufnehmen, weiterdenken oder einfach nur mit heutigen Worten zeigen, welch erstaunliche Erkenntnis darin ausgedrückt ist. Für Leser, denen das eine oder andere Zitat besonders gefällt und die gern mehr über den Zusammenhang erfahren möchten, in dem es steht, weise ich in der Regel auf den Titel des Werkes hin, in dem der Gedanke entwickelt wurde. Natürlich kann man ein Zitat auch einfach googlen und so den Kontext erhellen.

Sokrates lebte zwischen 469 und 399 vor unserer Zeitrechnung in Athen, und die Überlieferungen schildern ihn uns als einen außergewöhnlich freien und mutigen, und dabei zugleich mit anderem und dem Ganzen verbundenen Geist. Auf den Straßen und Plätzen Athens zog er seine Mitbürger ins Gespräch darüber, ob sie sich wirklich dessen bewusst sind, was sie so alltäglich denken und tun. Er wurde zum Tode verurteilt, weil er den Menschen und vor allem den jungen Männern, die sich an ihn wandten auf ihrer Suche nach sich selbst, zu eigenständigem freien Denken verhalf; er war denen im Weg, die Angst vor dieser Freiheit des selbstständigen Denkens und Tuns hatten.

Doch der einmal erwachte Geist der Freiheit war damit nicht mehr auszurotten, und der neue Typus eines selbstdenkenden freien Menschen hat sich seitdem mit dem Namen »Sokrates« wie einem Markenzeichen verbunden. Diese Legendenbildung verdanken wir vor allem einem seiner Schüler: *Platon*. Er war von seinem Lehrer so beeindruckt, dass er ihn zur Hautfigur seiner vielen philosophischen Schriften machte.

Von den vielen Gedanken, die uns Platon von Sokrates überliefert hat, wählen wir einige aus seiner Schrift *Gastmahl oder Gespräch von der Liebe* aus. Wie nebenher erwähnt Sokrates darin, dass er sein Wissen über die Liebe vor allem Diotima, einer weisen Frau, verdankt.

Es ist nun also Eros von solcher Beschaffenheit und Herkunft, und die Liebe ist, wie du sagst, auf das Schöne gerichtet. Wenn nun aber jemand uns fragte: Inwiefern ist denn die Liebe auf das Schöne gerichtet, o Sokrates und Diotima? – was würden wir ihm antworten? Doch ich will es noch deutlicher ausdrücken: Wer des Schönen begehrt, was ist dem dabei der eigentliche Zweck seines Begehrens?

Dass es ihm zuteil werde, war meine Antwort.
Diese Erwiderung, wandte sie ein, bedarf einer neuen Frage: Was wird denn dem damit zuteil, welchem das Schöne zuteil wird?
Auf diese Frage, gestand ich, habe ich durchaus nicht mehr sogleich eine rechte Antwort zur Hand.
Nun, erwiderte sie, wie, wenn jemand statt des Schönen das Gute setzte und dich dann fragte: Wohlan, Sokrates, wer das Gute liebt, was begehrt der eigentlich damit?
Dass es ihm zuteil werde, war meine Entgegnung.
Und was wird jenem zuteil, dem das Gute zuteil wird?
Das, erwiderte ich, kann ich leichter beantworten: er wird glückselig.
Denn durch den Besitz des Guten, fügte sie hinzu, sind die Glückseligen glückselig. Und nun bedarf es nicht mehr der weiteren Frage: Was erstrebt derjenige eigentlich damit, welcher glückselig zu sein wünscht? Sondern hier scheint die Antwort am Ziele angelangt zu sein.

Epikur und die innere Freiheit

Wesentliches zum Freiheitsverständnis der Menschheit beigetragen hat schließlich ein weiterer griechischer Philosoph jener Zeit, *Epikur*. Er lebte von 341 bis 270 vor unserer Zeitrechnung. Nachdem Heraklit erstmals die verborgenen Grundzüge von Leben, Freiheit und Verbundenheit bewusst gemacht und Sokrates die menschliche Fähigkeit der Freiheit von gesellschaftlichen Tradition und Normen betont hatte, war es Epikur wichtig, dass der Mensch sich auch von seinen eigenen biologischen Instinkten befreit. Er erkannte und lehrte, dass der Mensch sich nicht von Lüsten, Ängsten oder anderen Emotionen beherrschen lassen braucht, sondern dass er sich vielmehr für ein gutes und gesundes Zusammenspiel der eigenen Bedürfnisse und Wünsche entscheiden kann. Nur so, meint Epikur, könnte der Mensch wirkliche

Freiheit, Lebensfreude und Gesundheit erreichen. Damit war er wohl der erste, der die Bedeutung der psychischen Voraussetzungen für eine positive Freiheitsfähigkeit bewusst machte. Er soll umfassender zu Wort kommen:

> Mit dem Philosophieren soll man getrost schon in der Jugend beginnen, aber im Alter auch nicht davon ablassen. Denn um für seine seelische Gesundheit etwas zu tun, ist keiner zu jung oder zu alt, und wer etwa meint, für ihn sei es zum Philosophieren noch zu früh oder schon zu spät, der könnte ebensogut behaupten, der richtige Zeitpunkt für seine Glückseligkeit sei noch nicht da oder schon vorbei. Also, philosophieren muss der junge wie der alte Mensch; dieser, damit er jung bleibt im dankbaren Genuss des Guten, das die Vergangenheit ihm schenkte, und jener, damit er furchtlos in die Zukunft blicken kann und dadurch jung und alt zugleich ist.
>
> Entweder ist jemand aufgrund einer Furcht oder aufgrund einer grenzenlosen und sinnlosen Begierde unglücklich; wer diese Dinge in den Griff bekommt, kann sich die glückselige Vernunft erschließen.«

> Die Weisheit erweist sich uns als die sicherste Führerin zur Lust. Denn sie allein vertreibt die Traurigkeit unserer Seele.

> Die schönste Frucht der Selbstgenügsamkeit ist die Freiheit.

In diesen Sätzen wird deutlich, wie stark Epikur die inneren Seiten menschlicher Freiheit betont, und zwar sowohl deren »negative« Hürden, Furcht und sinnlose Begierde, als auch ihre »positiven« Aspekte: die Freiheit, die aus der bewussten Integration der eigenen inneren Ängsten und Begierden entsteht. Sie ist keine abstrakte Idee, sondern intensivste Lebenslust, Freude und Glückseligkeit. Wie Sokrates war es aber auch Epikur klar, dass persönliches Freiheits- und Glücksgefühl nicht Egozentrik, sondern zugleich umfassendere Verbundenheit des Einzelnen mit Anderen bedeutet. Deutlich wird das in folgenden Sätzen Epikurs, in denen Begriffe wie »Freundschaft« und »gerechtes Leben« eine starke und positive Qualität der Verbundenheit ausdrücken: »Von allen Gütern, die die Weisheit sich zur Glückseligkeit des ganzen Lebens zu verschaffen weiß, ist bei Weitem das größte die Fähigkeit, sich Freunde zu erwerben.«

»Man kann nicht in Freuden leben, ohne mit Vernunft, anständig und gerecht zu leben; aber man kann auch nicht vernunftvoll, anständig und gerecht leben, ohne in Freuden zu leben. Wenn aber die Voraussetzung zu einem vernunftvollen, anständigen, gerechten Leben fehlt, der kann auch nicht in Freuden leben.«

Befreiungswege des Ostens

Dass zwischen Freiheit und Verbundenheit ein komplementärer Zusammenhang besteht, wurde den Menschen in der Zeit zwischen 800 und 200 vor unserer Zeitrechnung auch in anderen Regionen und Kulturen bewusst.

Das zeigen einige der Hauptgedanken desjenigen, der noch heute als der bedeutendste Weise östlicher Kultur gilt. Geboren als *Siddhartha Gautama* um 560 vor unserer Zeitrechnung, wurde er später als *Buddha* berühmt. Seine Erkenntnisse sind in den *Vier Edlen Wahrheiten* wie folgt zusammengefasst:

1. *Das Leben im Daseinskreislauf ist letztlich leidvoll.*
2. *Ursachen des Leidens sind Gier, Hass und Verblendung.*
3. *Erlöschen die Ursachen, erlischt das Leiden.*
4. *Zum Erlöschen des Leidens führt der Edle Achtfache Pfad.*

Der *Edle Achtfache Pfad* umfasst eine Vielzahl von Hinweisen und Ratschlägen, die dem Menschen zeigen, wie sie sich selbst vom Leid dieser Welt befreien können: durch richtige und bewusste Weisen der Erkenntnis, des Denkens und Handelns, aber auch der Atmung, der Achtsamkeit und Meditation.

Ähnlich wie später der Grieche Epikur entwickelte Buddha ein starkes Bewusstsein dafür, dass die Freiheit vor allem im Freisein von eigenen inneren Ängsten und emotionalen Gewohnheiten besteht. Im Unterschied zu Epikur aber, der die Befreiung von eigenen Begierden nicht als Auflösung, sondern als Verfeinerung der eigenen Glücksfähigkeiten betrachtete und kultivierte, betrachtete Buddha auch das Streben nach Glückseligkeit als Unfreiheit. Freiheit gipfelt daher bei ihm nicht im Glücksgefühl, sondern in völliger innerer Distanz zu allen Erscheinungen und Gefühlen dieser Welt. In unserem Zusammenhang erscheint uns das Verständnis, das Sokrates und Epikur entwickelt haben, konstruktiver und hilfreicher. Buddhas Verständnis von Freiheit verbindet mit dem der griechischen Philosophen jedoch die Erkenntnis, dass wirkliche persönliche Freiheit nicht zum verstärkten Egoismus, sondern zum Gefühl und Wissen der Verbundenheit mit vielem, letztlich mit allem führt. Es entspricht dabei der buddhistischen Grundhaltung, dass sich dies nicht wie bei den Griechen als vom Eros getragenes sinnliches Glück äußert, sondern als von sinnlichen Erscheinungen distanziertes, aber unendliches Mitgefühl mit allem Lebendigen.

Jesus von Nazareth und der Gott der Liebe

Mit dem lebensbejahenden Freiheitsbewusstsein der griechischen Philosophen und dem Bewusstsein des universellen Mitgefühls beim indischen Buddha waren zwei für die
weitere Entwicklung der Menschheit wesentliche Geistes-
qualitäten entstanden. Doch wie der geographische Raum,
in dem sie sich entwickelte, weit auseinander lag, so war
auch zwischen beiden Potenzialen durchaus eine Kluft auszumachen. Die griechische Freiheit der konkreten Glückseligkeit unterschied sich deutlich vom universellen Mitgefühl
des Buddhismus. Als eine Art »geistige Kernsynthese«, die
beide Qualitäten potenzierte, kann die vor circa 2000 Jahren
auftretende Lehre des *Jesus von Nazareth* bezeichnet werden.

Dieser neue Geist drückt sich besonders konzentriert in
folgenden zwei Sätzen des *Neuen Testaments* aus: »Ihr
werdet die Wahrheit erkennen und die Wahrheit wird Euch
frei machen« (Johannes 8,32), und »Gott ist die Liebe«
(1 Johannes 4,8).

Das Wort »Liebe« wird heutzutage für sehr viele verschiedene Dinge, Gefühle und Beziehungen verwendet, das
macht es nötig, kurz darüber nachzudenken. Die Ausführungen bis hierher machen deutlich: Liebe ist in ihrer eigentlichen Qualität dort und nur dort vorhanden, wo Menschen
aus freier innerer Entscheidung das Da-Sein und das So-Sein
eines anderen oder anderer innerlich und äußerlich bejahen
und unterstützen. Vielleicht kann man diese wirklich neue
Qualität, die Kosmos und Evolution hervorgebracht haben,
am besten aus ihrem Unterschied zu vorherigen verstehen;
es gab und gibt verschiedenste Formen der Verbundenheit,
die nicht mit der »Liebe« gleichzusetzen sind: Fische und
andere Tiere existieren in Schwärmen oder Horden und

Menschen schon immer in Gruppen; Affen pflegen einander ihr Fell und Mütter kümmern sich sehr intensiv um ihre Kinder, und diese später oft um ihre alternden Eltern. Doch sind diese Formen der Verbundenheit mehr oder weniger instinktiv organisiert, sie werden vollzogen, ohne dass eine bewusste Entscheidung der Beteiligten vorliegen würde. Dementsprechend haben sie meist auch instinktive Grenzen: Für Tierhorden wie auch Menschengruppen sind diejenigen Tiere oder Menschen, die nicht zum Verband dazugehören, Fremde, die oft eher gemieden oder gar bekämpft als unterstützt werden. Diese instinktive Schranke der Gebundenheit wird erst von einer Synthese aufgebrochen, welche die immer schon in uns Menschen angelegten Tendenzen der Verbundenheit mit dem Potenzial der Freiheit zur wirklichen Liebe verbindet und sie aus ihrer biologischen oder kulturell-gewohnheitsmäßigen Enge in die Weite und unendliche Vielfalt menschlicher und anderer Wesen führt.

Das philosophische Talent der alten Griechen war dieser integralen Bedeutung der Liebe schon fast auf der Spur. Sie sprachen vom *Eros* als der Kraft der gegenseitigen Anziehung, von *Philia* als dem reinen, freundschaftlichen Interesse an anderen Menschen und Dingen, und von *Agape* als selbstloser Hinwendung an den gesamten Kosmos. Doch keiner dieser Begriffe integrierte bereits so viel Freiheit für den Anderen im inneren Gefühl, um ihn schon wirklich als »Liebe« verstehen zu können. Da dieser Unterschied entscheidend ist, sei noch einmal aufgezeigt, was es bedeutet, wenn diese Integration von der einen oder anderen Seite nicht gelingt:

So stiftet *Eros* zwar Verbindung mit dem Anderen – doch als leidenschaftliches Bedürfnis, das sich meist mehr an den eigenen Bedürfnissen als an den Qualitäten des Gegenübers orientiert. *Philia* sorgt für eine feine, seelische Resonanz; doch meist nur zu solchen Anderen, die mir in ihrer Art verwandt sind. Das gilt für die Freundschaft zwischen Menschen, zeigt sich aber zum Beispiel auch im

Wort *Philosophie*, das *Philia-Sophia*, also *Liebe der/zur Weisheit* bedeutet: der edle weise Mensch liebt die edle Weisheit. Doch versteht der »Philosoph« auch die »schmutzigere« Weisheit und Liebe des Alltags? Reicht sein philosophisches Interesse bis dahin, die Ursachen dieser Misstände aufzudecken und schönere und liebevollere Lösungen für die dreckigen Nöte der Welt theoretisch und praktisch zu entwickeln? Und *Agape* symbolisiert die spirituelle und metaphysische Verbindung zwischen Menschen und die selbstlose Hingabe der eigenen Person an das Ganze oder Göttliche. Dabei läuft sie, ähnlich wie *Philia*, leicht Gefahr, im Rausch der eigenen Erlösung von den Problemen dieser Welt die Fülle des Lebens und das wirkliche konkrete Andere darin zu vernachlässigen.

Daher macht es Sinn, im Unterschied dazu von *Liebe* als der *Freude am Da- und So-Sein und an der Potenzialentfaltung des Anderen* zu sprechen. Dieser neue, vielleicht erstmals wirklich integrative Geist der Liebe wird im folgenden Satz Jesu aus der Bergpredigt des *Neuen Testaments* vielleicht am besten zum Ausdruck gebracht: »Ihr habt gehört, dass gesagt ist: Du sollst deinen Nächsten lieben und deinen Feind hassen. Ich aber sage euch, die ihr hört: Liebet eure Feinde, tut Gutes denen, die euch hassen.« (Matthäus 5,43)

Liebe als stärkstes Potenzial

Die Herausbildung eines integralen Begriffs der Liebe aus Verbundenheit und Freiheit war daher durchaus ein Quantensprung der kulturellen Evolution und vermutlich ebenso bedeutsam wie die Entstehung des Lebens und die Entwicklung des Menschen.

Um die enorme evolutionäre und geschichtliche Bedeutung der vor 2000 Jahren einsetzenden Synthese von Freiheit und Verbundenheit zur Liebe weder zu überhöhen noch zu unterschätzen, sei zu ihrem Entstehungsprozess noch Folgendes gesagt: Die Entstehung und Wirkung der Liebe als in gewisser Weise entscheidendes menschliches Potenzial lässt sich nicht auf einen bestimmten Zeitpunkt festlegen. Sicherlich ist das Zusammenspiel von Freiheit und Verbundenheit, wie es wirkliche Liebe auszeichnet, von Beginn der Menschwerdung an immer wieder gelungen und hat so auch die im ersten Kapitel geschilderten kulturellen Innovationen mit bewirkt. Doch geschah dies mehr oder weniger unbewusst und zufällig, und so ging ihre eigentliche Qualität immer wieder verloren. Mit der vor 2000 Jahren geschehenen Bewusstwerdung der Liebe als »göttliches« und damit wesentlich zu erstrebendes menschliches Potenzial unterlag die Liebe nicht länger dieser unbewussten Zufälligkeit. Daher verbindet sich damit zu Recht eine neue Zeitrechnung: denn von diesem Zeitpunkt an ließ sich alles menschliche Tun und Lassen daran messen, ob es im Sinne dieser die Freiheit und Verbundenheit integrierenden Liebe geschah oder nicht.

Zum besseren Verständnis der in der Person Jesus Christus zum Ausdruck kommenden Kernsynthese der Liebe aus Freiheit und Verbundenheit sei ergänzt: Ähnlich wie Sokrates und Buddha ermutigte Jesus Individuen, sich zu befreien von den Überlieferungen und Traditionen der Eltern und den Meinungen der Zeit. Ähnlich wie sie beide ging er davon aus, dass der Mensch dazu fähig ist, sich durch bewusstes Nachdenken auch von den eigenen inneren Ängsten und Gewohnheiten zu befreien. Als Beispiel für diese Überzeugung steht dieser im Johannesevangelium des *Neuen Testaments* überlieferte Satz: »In der Welt habt ihr Angst, aber seid getrost, ich habe die Welt überwunden« (Johannes 16,33), der ja auch heißt: ich habe diese Welt der Angst überwunden.

Im Unterschied zu Buddhas Weg der inneren Überwindung von Leidenschaften und darin eher Sokrates und Epikur nahe, soll bei einem Leben in diesem neuen Sinne keine

Distanzierung vom eigenen Glücksgefühl angestrebt werden, sondern eine lebendige Verwobenheit mit diesem. Daher inspirierte die neue geistige Bewegung in ihren frühen Blütezeiten ihre Anhänger nicht nur zur Verbundenheit im geistig-universellen, d. h. alle Wesen umfassenden Sinn, sondern auch zur lebendigen Resonanz miteinander. Die Überlieferungen legen nahe, dass der neue Lebensmut eine ganze Reihe kultureller Konventionen im Sinne erweiterter Freiheit und Verbundenheit transzendierte. Und wie bereits Buddha, Sokrates und Epikur, die auf je ihre Weise Impulsgeber großer kultureller Erneuerungsbewegungen wurden, war auch der mit Jesus verbundene Impuls zu einer neuen Qualität von Freiheit und Verbundenheit so einleuchtend und deutlich, dass er viele Menschen zur Nachfolge inspirierte. So entstand die für die weitere Weltgeschichte enorm einflussreiche kulturelle Erneuerungsbewegung des Christentums. Und neben seiner zentralen Figur, dem »göttlichen Menschensohn« Jesus, wurde das Kreuz ein tragendes Symbol dieser Bewegung. Viele Christen verbinden dieses Symbol vor allem mit dem Mut und dem Leid, wie Jesus sie mit seinem Tod am Kreuz zeigte, um eine neue Welt und neue Lebensmöglichkeiten zu offenbaren. Das Kreuz kann darüber hinaus als Symbol der Integration menschlicher Verbundenheit sowohl mit der Erde und den Mitmenschen als auch mit dem Göttlichen verstanden werden. Der Symbolgehalt des Kreuzes geht sogar noch weiter: Seine waagerechte Achse symbolisiert die Verbundenheit des Menschen mit anderen Menschen, aber auch mit Tieren, Pflanzen und der gesamten Schöpfung beziehungsweise evolutionären Entwicklung. Und seine senkrechte Ebene gewinnt einen neuen, erweiterten Gehalt, wenn wir sie als Symbol der Freiheit deuten: Als Symbol dafür, dass ein Mensch nicht nur Teil seiner Familie, Gesellschaft und Kultur ist, sondern in sich auch die Sehnsucht und Kraft hat, seine Gebundenheit ins Licht neuer und erweiterter Lebensmöglichkeiten zu transzendieren. Dieser Geist der Freiheit kommt im *Neuen Testament* immer wieder zum Ausdruck, in Sätzen wie »Siehe, ich mache alles neu« (Offenbarung 21,5); und »Ich bin der Weg, die Wahrheit und das Leben.« (Johannes 14,6)

Hier entsteht erstmals ein nicht angstvoll egozentrischer, sondern starker und integrativer Begriff vom menschlichen Subjekt; viel später wird der Philosoph Johann Gottlieb Fichte seine Bedeutung stark erweitern.

Bis dahin allerdings nimmt die Geschichte des menschlichen Selbstbewusstseins noch manche Umwege. Bei der allmählichen Entfaltung der Liebe als neuer Qualität von Freiheit und Verbundenheit in die Breite wurde ihre eigentliche Essenz vorerst immer wieder verdrängt durch Strömungen, die ihre zentrale Qualität nur teilweise fassen konnten. Dies zeigte sich deutlich bereits bei einer der ersten großen Auseinandersetzungen innerhalb des Christentums, die zwischen Augustinus und Pelagius um das Jahr 400 unserer Zeitrechnung ausgetragen wurde. Beim Kernpunkt dieses Streits ging es nicht zufällig um die Qualität der Freiheit, welche die Verbundenheit erst zur Liebe im eigentlichen Sinn reifen lässt. Augustinus, damals Bischof von Hippo in Nordafrika, wurde zum Hauptvertreter der Strömungen innerhalb der Kirche, die den Menschen nicht zutrauten, mit der Freiheit der Liebe umgehen zu können. Augustinus' Menschenbild sah den Menschen vor allem anderen als unfreien Sünder an, in dessen Macht es nicht liege, zum Empfang der (göttlichen) Gnade der Liebe irgendetwas beizutragen – diese wird dem Menschen eben durch göttliche Gnade gegeben oder aber vorenthalten ohne Rücksicht auf individuelle Haltungen, Entscheidungen und Taten. Pelagius dagegen sah den Menschen nicht nur nicht gebunden durch die Sünde, sondern auch frei, seinem Willen entsprechend zu handeln. Pelagius und seine Nachfolger hielten den Menschen nicht für korrumpiert durch die »Erbsünde«, sondern aus eigener Kraft fähig zur Freiheit und zur Liebe. Dieser Meinungsunterschied zwischen Augustinus und Pelagius um einen Wesenskern der Liebe und damit auch der inzwischen einflussreich gewordenen christlichen Religion führte zu langjährigen und spannenden Auseinandersetzungen zwischen beiden Seiten. Lange Zeit war ihr Ausgang offen; leider setzte sich letztlich die Position des Augustinus durch. Wie oft in evolutionären Entwicklungen der Natur und auch der Kultur bildeten sich auch damals in Nischen und an Rändern des christlich-römischen Reichs immer wieder neue Ausprägungen und Wandlungen des Geistes der Liebe. Begünstigt wurde dies dadurch, dass die für kulturelle Fortschritte wichtigen schriftlichen Symbolisierungen dieses Geistes im Rahmen der Kirche bewahrt wurden. Wer zum einen lesen konnte und zum anderen die große Sehnsucht nach Freiheit *und* Verbundenheit in sich trug, fand darin Material, das immer wieder neues Erwachen zur Begeisterung der Liebe entzündete. Berühmte westeuropäische Trägerinnen und Träger dieses Geistes sind etwa Hildegard von Bingen (1098–1179), Franz von Assisi (1181–1226) und Meister Eckhart (1260–1328).

Neue Aufbrüche: der Islam

Umfassender wurde der Geist der Liebe jedoch in der östlichen Hälfte des ehemaligen römischen und später christlichen Imperiums, im damaligen Byzantinischen Reich, wiederbelebt. Hier hatte sich nicht die römische Sprache durchgesetzt, man sprach auch Griechisch, und so waren außer den Texten der Bibel auch die der griechischen Philosophen eher zugänglich. So konnte der von der Kirche stark vertretene Verbundenheitsaspekt der Liebe immer wieder neu durch den starken Freiheitsimpuls der griechischen Philosophen herausgefordert werden. Das geschichtlich einflussreichste Projekt dieser neuen geistigen Synthesen von Freiheit und Verbundenheit wurde der Islam. Die Schöpfer dieser seit ca. dem Jahr 600 unserer Zeitrechnung entstandenen und im *Koran* sprachlich symbolisierten neuen geistigen Bewegung verstanden sich bewusst als Fortsetzer und Wiederbeleber ihrer in der Bibel genannten Vorgänger. In der Sure 5 des Koran kann man sogar lesen: »Weil die Herzen der Kinder Israels und der Nazarener sich verhärteten und sie einen Teil ihrer ursprünglichen Botschaft vergaßen, wurden sie vom Islam neu gefasst.«

Der neue Geist der Freiheit war besonders in den frühen Blütezeiten des Islam spürbar, und er wurde zum Lebenselixier von Städten und Regionen; in ihnen herrschte eine bis dahin kaum gekannte geistige Toleranz. Zwar hatte auch in einigen Städten des alten Griechenlands, wie vor allem Athen, bereits ein vergleichsweise freier Geist geweht – und doch hatten sie ihre freiesten Köpfe nicht ertragen können. Sokrates war, wie wir oben erfahren hatten, zum Tode verurteilt worden, weil er andere Menschen zum freien Denken inspirierte. In vielen Städten der frühen Blütezeit des Islam war es für andere Religionen und Philosophien möglich, ihre Weltsichten zu leben, solange sie ihrerseits die Existenz der anderen friedlich akzeptierten. In solchen Schmelztiegeln relativ freien Umgangs verschiedenster Ideen und Traditionen entstanden frei und universell denkende und liebende Menschen. Einige von ihnen, wie Avicenna (980–1037), Averroes (1126–1198) und Rumi (1207–1273), wurden zu geistigen Wegbereitern der europäischen Renaissance. Die folgenden Auszüge aus zwei Gedichten Rumis zeigen, wie sehr man damals bereits den wesentlichsten Potenzialen des Menschen auf die Spur kam:

> *Der du aus des Nichtseyns Lande*
> *In das Reich des Daseyns kamst!*
> *Weißt du wohl, aus welchem Grunde*
> *Du die Reise unternahmst?*
> *Eines Fürsten Diener bist du,*
> *Und ein Fürst hat dich gesandt,*

Dass du selber dich erkennest,
Und den Herrscher in dem Land.
Einem reichen Handelsmanne
Bist du ähnlich, in der That,
Der zum Handel aus dem Hause
In die Stadt des Lebens trat.
Deines Lebens reiche Summe
Gab als Capital man dir;
Lass es denn, durch edle Thaten,
Zinsen tragen für und für.
…

Die Seele, die der Reinheit sich erfreuet,
Muss die Gefangene des Staubes seyn!
Die Liebe nur hat reichlich Gold gestreuet,
Um die Gefang'ne wieder zu befrei'n.

In der Sache und mit den Begriffen unserer Sprache sagt diese philosophische Dichtung: Jeder Mensch ist eine Persönlichkeit, ein »Du«. Er kommt her von einem nicht näher bestimmbaren Ursprung, den wir nach Rumi zumindest als »Nichtsein«, und weiter und personalisiert auch als Instanz, als einen »Fürsten« verstehen können, der den Menschen letztlich zu sich selbst führt. Auf diesem Weg des Seins erkennt der Mensch sich selbst und kann sich so frei im lebendigen Reichtum dieser Welt erleben und entfalten. Selbstbehauptung und nur den eigenen Erfolg im Blick zu haben ist im Ergebnis aber »leerer Staub«. Erst »edle Taten« im Sinne der Liebe bringen uns innerlichen Reichtum, erfüllte Freiheit.

Giordano Bruno: Vom Verwobensein mit der Unendlichkeit

Etwa mit dem Jahr 1100 gelangten die Ideen der Freiheit und Verbundenheit zurück nach Europa; nicht alle Strömungen des Islam waren friedlich und freiheitsorientiert, und seit 700 war es zu wachsenden militärischen Eroberungen vormals christlicher Territorien durch die »Krieger Allahs« gekommen. Das christlich-römische Reich reagierte darauf mit den sogenannten Kreuzzügen; sie brachten im 12. Jahrhundert zahlreiche Menschen Europas mit dem Orient in Berührung, und so gelangten auch die in den geistigen Zentren des Islam bewahrten Weisheiten der griechischen Philosophen nach Europa. Dazu kam ein wieder wachsender Handelsverkehr zwischen den westlichen und östlichen Häfen des Mittelmeers, welcher günstig gelegene italienische Handelsstädte wie Venedig, Padua, Genua oder Florenz zu materiell, kulturell und geistig blühenden Zentren der europäischen Renaissance machte. Kräfte der Unfreiheit hatten zwar noch immer Einfluss, bis hin zur Entstehung der Inquisition, die versuchte, die geistige Freiheit zurückzudrängen, wie sie mit der Renaissance in ganz Europa zunehmend erwachte. Doch ihr allmähliches Wiederaufblühen ließ sich nicht verhindern. Die Ambivalenz dieser beiden Kräfte im 16. Jahrhundert kommt sehr deutlich in den Ideen Giordano Brunos und seinem Schicksal zum Ausdruck; er lebte zwischen 1548 und 1600.

Brunos Denken war inspiriert durch Gedanken der griechischen Philosophie, besonders der Platons und Epikurs, aber auch der arabischen Philosophen Avicenna und Averroes, und von den ersten Ergebnissen moderner Naturwissenschaft bei Nikolaus Kopernikus. Brunos Denken und Handeln war für seine Zeit gerade hinsichtlich der hier in den Blick genommenen Phänomene der Freiheit und der Verbundenheit außergewöhnlich: In der christlichen Tradition aufgewachsen und ausgebildet, bestand er schon recht früh darauf, seinen ganz eigenen Wegen und nicht vorgegeben Ritualen zu folgen. Er entfernte die Heiligenbilder aus seiner Klosterzelle; mithilfe entsprechender Techniken eignete er sich erstaunliche Gedächtnisfähigkeiten an – zwei Anzeichen seines starken Dranges nach freier Individualität und eigener Urteilskraft. Auch bei Bruno ist diese starke eigene Kraft aber nicht Ausdruck individualistischer Autonomie, sondern intensiver Verbundenheit mit dem gesamten Kosmos. Bruno postuliert die Ewigkeit und Unendlichkeit der Welt, er ahnt das Vorhandensein von Millionen Sternsystemen, die dem unseren ähnlich sind, und er hält das Göttliche nicht für getrennt davon, sondern unmittelbar mit allem verwoben. So sieht er auch seinen eigenen Geist einerseits als Teil dieses göttlichen Ganzen und doch als etwas ganz Einmaliges und Besonderes. Seine Erkenntnisfähigkeit liege geradezu in der Verbundenheit mit dem Herzen des Weltalls, so dass sich ihm auf diese Weise neue Entfaltungsräume eröffnen. Er schreibt im Vorwort seines Werkes *Von der Ursache, dem Prinzip und dem Einen*:

Wurzelnd ruhet der Berg, tief mit der Erde verwachsen,
Aber sein Scheitel ragt zu den Gestirnen empor.
Du bist beiden verwandt, mein Geist, dem Zeus wie
*   dem Hades,*
Und doch von beiden getrennt. Mahnend ertönt dir der
*   Ruf:*
Wahre dein Recht auf des Weltalls Höhn!
Gott Amor thut mir auf die Demantpforten
Und lehrt die hehre Wahrheit mich verstehen.
Das Aug' ist meines Gottes Thor; im Sehen
Entspringt, lebt, wächst er, ewig herrscht er dorten.
Er offenbart die Wesen aller Orten;
In treuem Bild darf ich das Ferne spähen.

Mit Jugendkraft zielt er: nun ist's geschehen.
Er trifft ins Herz und sprenget alle Pforten.

Brunos freier Geist, der universelle Verbundenheit proklamierte, rief Widerstand hervor; sein Ende auf dem Scheiterhaufen der Inquisition macht deutlich, dass der Geist der Freiheit noch wenig verbreitet war. Das Todesurteil, das über Bruno gefällt wurde, steht in einer Reihe mit dem Giftbecher des Sokrates und der Kreuzigung Jesu. Doch erstaunlich und neu ist, dass und wie es Bruno vor seinem Tod sehr viele Jahre lang gelang, sich selbst treu zu bleiben, trotz immer wieder neuer Vorwürfe und Verfolgungen. Dass Bruno in all den Ländern Europas, die er auf der Flucht vor seinen Verfolgern wie auf der Suche nach neuem Wissen durchzog, immer wieder Unterstützer, Freunde und Helfer fand, macht deutlich, dass ein neues Bewusstscin von Freiheit Einzug hielt. Brunos Auftreten und Wirken kann insofern als Ausdruck einer neuen Qualität von Freiheit wie auch Verbundenheit verstanden werden – einer Qualität, die erstmals nicht nur besondere Individuen, sondern ganze Gruppen und Gesellschaften in ihren Bann zog und in einen Raum der Freiheit führte.

Der Buchdruck: Massenkommunikation wird möglich

Eine wichtige Voraussetzung dafür war die Erfindung eines neuen Kommunikationsmittels und eines neuen geistig-kulturellen Mediums: des Buchdrucks. Am Anfang habe ich erläutert, dass alle nicht unmittelbar instinktiv ererbten menschlichen Gefühls-, Denk- und Handlungspotenziale eine symbolische Verankerung in Form der Sprache brauchen. Solange Sprache jedoch nur, jedenfalls für die breite Masse der Bevölkerung, eine rein mündliche Angelegenheit ist, ist die Durchsetzungskraft neuer Erkenntnisse nicht so groß. Durch ihre Vergegenständlichung und damit Verankerung in Form der Schriftsprache bleiben solche neuen Erkenntnis- und Gefühlsqualitäten jedoch erhalten und sorgen beim Lesenden für Wiedererkennen und Erinnern oder für neue Begeisterung. Zwar waren im europäischen Mittelalter fast alle in der Spätantike verlorenen Erkenntnisse der griechischen Philosophen über die im Orient erhaltenen Schriften auch nach Europa zurückgekommen. Da Bücher bis dahin jedoch nur durch direktes Abschreiben bewahrt und verbreitet wurden, gab es nur wenige Exemplare dieser Schriften, sie waren kaum verbreitet. Außerdem wurde – vor allem in den Schreibstuben der Klöster – im Wesentlichen nur abgeschrieben, was der herrschenden Lehre entsprach, abweichende Meinungen wurden kaum erhalten. Die Erfindung des Buchdrucks änderte das. In seinen Anfängen, damals noch mit geschnitzten Holzzeichen, geht er zurück auf China im Jahr 868 unserer Zeitrechnung. Das erste Buch mit Bronzelettern wurde 1377 in Korea gedruckt. Doch erst die Entwicklung und Einführung des modernen, maschinenbetriebenen Buchdrucks mit beweglichen Lettern durch Johannes Gutenberg in der Mitte des 15. Jahrhunderts ermöglichte eine massenhafte Vervielfältigung und Verbreitung auch freiheitlicher Gedanken und Gefühle. Diese neue Qualität geistiger Freiheit war neben den technischen auch bereits an bestimmte soziokulturelle Innovationen gebunden. Johannes Gutenberg war nicht primär ein technischer Erfinder, sondern eher ein wirtschaftlich-technischer Innovator. Auch technische Erfindungen können an den Kräften der Trägheit bisheriger Gewohnheiten und Machtstrukturen scheitern, und um Erfolg zu haben und sich durchzusetzen, müssen sie durch soziale Qualitäten von Freiheit wie Abenteuerlust, Mut und Risikobereitschaft ergänzt werden. Darauf werden wir später noch zurückkommen, wenn es um die Erkenntnisse Josef Schumpeters geht.

Seit dem 12. Jahrhundert war es, wie ausgeführt, in einigen Teilen Europas zu wirtschaftlichen, politischen und geistig-kulturellen Veränderungen gekommen, beeinflusst einerseits durch die Wiederentdeckungen der Werke griechischer Philosophen und Künstler, andererseits durch wachsende Handelsstädte, zunächst in Italien und etwas später auch in Nordeuropa. Beides erweiterte den äußeren und inneren Horizont der Menschen und trug dazu bei, dass der einzelne Mensch, das Individuum, selbstbewusster wurde. »Stadtluft macht frei« war eine Parole dieser Zeit. Das Beispiel Giordano Brunos hat gezeigt, dass diese Entwicklungen sich nicht widerspruchsfrei vollzogen, sondern vielmehr oft auf erbitterte Widerstände jener Mächte trafen, deren Traditionen, Positionen und Besitzstände dadurch gefährdet wurden. Vielerorts kam es zu langjährigen und aufreibenden Kämpfen zwischen den Vertretern der Veränderung und denen der Tradition. Diese Kämpfe, die viele Städte und Dörfer verwüsteten, sowie die Aussicht auf neue Lebens- und Entfaltungsräume brachten immer mehr Europäer dazu, nach Amerika auszuwandern. Neben der Gier nach Land oder Gold spielten bei nicht wenigen Auswanderern auch die Sehnsüchte nach Lebensmöglichkeiten in neuen Dimensionen von Freiheit und Verbundenheit eine entscheidende Rolle. Dies zeigt die europäische Besiedlungsgeschichte Amerikas: Die ersten, von der spanischen und englischen Krone organisierten Ansiedlungsversuche scheiterten fast alle; zu dauerhaften Neugründungen von Siedlungen, Städten und Unternehmen kam es erst, als christlich-reformatorisch geprägte Gruppen wie die Puritaner und Quäker die neue Welt als Chance erkannten, ihre Ideale zu verwirklichen. Auch wenn die verschiedenen reformatorischen Bewegungen jeweils ihre spezifischen Prägungen hatten, so verband sie doch ein freiheitlicher Impuls, der sich von den alten Machtstrukturen Europas deutlich unterschied: Sie alle betonten sowohl die Bedeutung des individuellen Gewissens und der individuellen Erfahrung als auch eine grundsätzliche Gleichheit der Menschen unabhängig von sozialer und religiöser Herkunft.

Die regelmäßig stattfindende Vermischung materieller Interessen einerseits und tieferen Sehnsüchten und Idealen andererseits führt zu Ambivalenzen. Die sogenannte neue Welt, in die die europäischen Einwanderer kamen, war nicht unbewohnt; und im Interessenkonflikt um Land und andere Ressourcen setzten sich die waffentechnisch überlegenen Europäer nicht selten mit grausamen Methoden gegen die Ureinwohner durch. Die weitaus größten Bevölkerungsverluste der indigenen Bevölkerung wurden jedoch nicht durch europäische Waffen verursacht, sondern von unbeabsichtigt eingeschleppten Krankheitserregern aus Europa wie Pocken oder Masern. Die Verluste der ursprünglichen Bevölkerung bedeuteten Raumgewinn für die wachsende Zahl an Einwanderern. Dazu kam ein geschichtlich so bisher nie da gewesener geistiger Freiraum: Was in Europa eine raschere Entfaltung neuer Ideen und Sehnsüchte freier Individuen behindert hatte, die etablierten Widerstände und Interessen der Herrschenden und die Autorität der Tradition, existierte so in der neuen Welt gar nicht. Die spanischen, französischen und englischen Königshäuser und Kolonialverwaltungen versuchten zwar, auch hier ihre alten Ordnungen durchzusetzen, doch sie schürten damit letztlich einen stärkeren Willen und Wunsch zur Freiheit. Im amerikanischen Unabhängigkeitskrieg, der auch die amerikanische »Revolution« genannt wurde, brach dieser Freiheitswille aus. Auslöser dieses Krieges waren auf den ersten Blick materielle Interessen – die Siedler der neuen Welt kämpften gegen die von der alten Welt erhobenen Steuern und Zölle. Doch ein näherer Blick zeigt, welch letztlich entscheidende Rolle die Sehnsüchte nach neuen Dimensionen von Freiheit und Verbundenheit für den Ausgang dieses Kampfes spielten. Lange sah es danach aus, als seien die amerikanischen Freiheitskämpfer den kriegserfahreneren Truppen der alten Mächte unterlegen. Nach einer Reihe von militärischen Niederlagen kippte auch die Moral der Befreiungsarmee. Umschwung und letztlich Sieg der Amerikaner brachte nicht nur eine gereiftere Militärstrategie – mindestens ebenso bedeutsam war ihr wachsender Wille zur Freiheit. Durch die massenhaft verbreiteten Schriften von Thomas Paine erwachte dieser zu neuem Selbstbewusstsein. Der 1736 geborene Paine wuchs in England in einfachen Verhältnissen auf, verschaffte sich jedoch als Autodidakt ein ungewöhnlich weites Wissen unter anderen auf den Gebieten der Philosophie und Mathematik. Erst Ende 1774 in Amerika angekommen, veröffentlichte er bereits im Frühjahr 1775 eine Abhandlung gegen die Unmenschlichkeit von Sklaverei, wie sie damals besonders in den Südstaaten üblich war. Schon diese erste Schrift hatte praktische Folgen und führte zur Gründung der ersten amerikanischen Gesellschaft zur Abschaffung der Sklaverei. Abraham Lincoln, der die Befreiung der Sklaven später politisch durchsetzte, bekannte, wie wichtig Paines Gedanken dabei für ihn gewesen waren. Im Herbst 1775 forderte Paine in einem Artikel mit dem Titel »Ein ernster Gedanke« erstmals die Unabhängigkeit der neuen amerikanischen Staaten von ihren europäischen Mutterländern. Diese Idee erweiterte er in der Flugschrift *Gesunder Menschenverstand (Common Sense),* 1776 veröffentlicht. Es sei Amerikas Bestimmung, führt er aus, die Unabhängigkeit zu erringen und eine sich auf universelle Menschenrechte gründende Demokratie und freie Republik zu verwirklichen. Neuere Forschungen haben herausgefunden, dass damals in kurzer Zeit die Hälfte der etwa drei Millionen Einwohner Nordamerikas auf die eine oder andere Weise Passagen aus *Common Sense* gelesen oder vernommen hatten. Das spricht für sich. Bereits in den ersten Monaten wurden 120 000, später insgesamt 500 000 Exemplare dieser Schrift gedruckt und verbreitet. Auch diese und einige weitere ähnliche kleine Schriften Paines hatten unmittelbare konkrete Folgen: In Form der deutlich von ihr inspirierten amerikanischen Unabhängigkeitserklärung (Declaration of Independence), die im Juli 1776 vom Kongress der amerikanischen Konförderation angenommen und beschlossen wurde zum einen. Und zum anderen in der Tatsache, dass die amerikanische Befreiungsarmee trotz der bisherigen militärischen Niederlagen moralisch aufgerichtet wurde. So kam es zum ersten Sieg gegen die Truppen der alten Welt im Dezember 1776. Es ist zu vermuten, dass die Unabhängigkeitsbestrebungen seinerzeit nicht gewonnen und womöglich nicht überlebt hätten ohne diese Schriften Paines, die den Freiheitssehnsüchten erst Selbstbewusstsein und Sprache verliehen und daraus erwachsenden Lebensmut.

Für unseren Zusammenhang lohnt es sich daher, die Motivation, die Paines Schriften zeigen, fokussiert zu betrachten – zum Beispiel seinen Artikel *Ein ernster Gedanke*:

Wenn ich über die schrecklichen Grausamkeiten nachdenke, die Britannien in Ostindien ausübt – wie Tausende durch künstliche Hungersnöte zugrunde gehen – wie Religion und jedes menschliche Ehrprinzip und Ehrbarkeit dem Luxus und dem Stolz geopfert werden – wenn ich von den elenden Eingeborenen lese, die weggeblasen werden für kein anderes Verbrechen, als dass sie sich, der miserablen Situation überdrüssig, weigern zu kämpfen – wenn ich über dies und tausend Beispiele ähnlicher Barbarei nachdenke, dann glaube ich fest daran, dass der Allmächtige aus Mitleid für die Menschheit die Macht Britanniens mindern wird.

Und wenn ich daran denke, was für einen Gebrauch es von der Entdeckung dieser Neuen Welt gemacht hat – dass der armseligen Würde der irdischen Könige der Vorzug vor der großen Sache des Königs der Könige gegeben wurde – dass es anstelle christlicher Beispiele die Indianer mit ihren Begierden unmoralisch beeinflusste, sich ihrer Unwissenheit aufdrängte und sie zu Werkzeugen von Verrat und Mord machte – und wenn ich diesen und vielen anderen melancholischen Überlegungen diese eine traurige Bemerkung hinzufüge, dass es sich seit der Entdeckung Amerikas mit dem schrecklichsten aller Handel, dem Menschenhandel, beschäftigt hat, der den meisten wilden Völkern unbekannt ist, und jährlich, ohne Provokation und kalten Herzens, die unglücklichen Küsten Afrikas heimgesucht und die wehrlosen Einwohner geraubt hat, um die gestohlenen Herrschaftsgebiete des Westens zu kultivieren, – wenn ich über all dies nachdenke, dann zweifle ich nicht einen Augenblick daran zu glauben, dass der Allmächtige schließlich Amerika von Britannien trennen wird.

Nennt es Unabhängigkeit oder was ihr wollt, wenn es die Sache Gottes und der Menschheit ist, so wird es vorankommen.

Und wenn uns der Allmächtige gesegnet haben wird und uns zu einem Volk gemacht hat, das nur von ihm abhängig ist, dann sollten wir unsere erste Dankbarkeit in einem Akt kontinentaler Gesetzgebung zeigen, die den Import von Negern zum Kauf beendet, das schwere Schicksal jener, die bereits hier sind, erleichtert und ihnen mit der Zeit ihre Freiheit gibt.

Angesichts des starken Verbundenheitsgefühls, das aus diesen Worten spricht und das Paines Forderung nach Freiheit für alle Menschen begründet, wundert es nicht, dass er auch die Unterdrückung der Frau durch den Mann anprangert. In seinem *Gelegenheitsbrief über das weibliche Geschlecht* von 1775 fordert er erstmals gleiche Rechte für Frauen. Zwar wurden seine Forderungen nach Freiheit und Gleichberechtigung sowohl für Sklaven als auch für Frauen in den von ihm inspirierten amerikanischen und französischen Revolutionen noch nicht unmittelbar verwirklicht – so schnell verändern sich millionenfache Alltagsgewohnheiten nicht –, doch das Bewusstsein dafür war geboren und bahnte sich unaufhaltsam seinen Weg.

Die praktischen Erfolge und das wachsende Selbstbewusstsein der amerikanischen Befreiungsbewegung blieben nicht ohne Folgen für Europa, wohin viele der Auswanderer aufgrund ihrer Herkunft weiterhin intensiven Austausch pflegten. Die amerikanische Unabhängigkeit und europäische Aufklärer, die vor allem in Frankreich wirkten, wie Montesquieu, Voltaire, Diderot, Rousseau und andere spielten eine Rolle für die 1789 einsetzende Französische Revolution. Mit ihr begann ein gewaltiger gesellschaftlicher Wandel hin zu mehr Freiheit, der schließlich ganz Europa ergriff. Auch für diesen gesellschaftlichen Umbruch gilt, dass er seine Schatten, Widersacher und Rückschläge hatte. Doch wir widmen uns in diesen Ausführungen nicht den geschichtlichen Ambivalenzen der Ereignisse, die mit dem Streben nach Freiheit und Verbundenheit auch einhergingen, sondern folgen den Linien des wachsenden Selbstbewusstseins bei der Verwirklichung freiheitlicher und gemeinschaftlicher Bestrebungen.

6. Selbst-Bewusstsein: systematische Zugänge

Die praktischen Fortschritte der Freiheit im individuellen, gesellschaftlichen und politischen Leben vor allem in Amerika und Frankreich inspirierten auch das weitere Nachdenken darüber und damit den Prozess der »Selbstbewusstwerdung der Freiheit«. Eine besondere Rolle spielt dabei die Klassische deutsche Philosophie, als deren Ausgangspunkt in der Regel Immanuel Kant gilt. Dafür spricht einiges; es gibt aber noch einen Denker, der einige Zeit vor ihm gelebt hat und dessen Ideen bedeutsam waren für die gesellschaftliche Freiheitsbewegung, die sich in Nordamerika zuerst durchsetzte: den von 1575 bis 1624 lebenden Jacob Böhme. Die Schriften Böhmes, die in seiner deutschen Heimat zuerst nur wenige Anhänger fanden und viel Widerstand der etablierten geistigen Mächte auslösten, wurden vor allem in Holland und England gedruckt und fanden dort große Leser- und Diskussionskreise. Zu seinen Lesern gehörten Auswanderer nach Amerika, die seine Gedanken mitgenommen haben. Was war das Neue und Besondere daran?

Jacob Böhme: selbstbewusst gegenüber Gott

Jacob Böhme kann mit seinem ersten Werk *Aurora oder die Morgenröte im Aufgang* von 1612 nicht nur als der erste deutsche Philosoph, sondern auch als der erste Philosoph der Freiheit bezeichnet werden. Georg Wilhelm Friedrich Hegel hat Böhme in seinen *Vorlesungen über die Geschichte der Philosophie* den »erste[n] deutsche[n] Philosoph[en]« genannt.

Zwar hatte auch Martin Luther (1483–1546) in seiner 1520 entstandenen Schrift *Von der Freiheit eines Christenmenschen* schon den Begriff der Freiheit als eine zentrale Kategorie in deutscher Sprache fassbar gemacht. Doch Luthers Schrift ist wie sein ganzes Anliegen ein durch und durch theologisches; sodass auch sein Verständnis menschlicher Freiheit ganz gebunden ist an das Verhältnis des Menschen zu Gott. Dieses bestimmt nach Luther den Menschen grundsätzlich, sodass menschliche Freiheit nur in Abhängigkeit von Gott verstanden werden kann. Der erste Satz dieser Schrift bringt das widersprüchliche Wechselverhältnis von Freiheit und Verbundenheit sehr klar zum Ausdruck: »Ein Christenmensch ist ein freier Herr über alle Dinge und niemand untertan. Ein Christenmensch ist ein dienstbarer Knecht aller Dinge und jedermann untertan.« Luthers Worte, die auf ein breites Bedürfnis seiner Zeit trafen und sich daher durch Predigten und Schriften rasch verbreiteten, ermutigten viele Menschen dazu, sich aus den in mancher Hinsicht zu leeren Dogmen erstarrten Ritualen der Kirche zu befreien und dem eigenen Gewissen, Gedanken und Gefühlen zu vertrauen. Mit Luther und seinem Wunsch nach christlicher Erneuerung und einer Reform der Kirche kam es im 16. Jahrhundert zur Reformation, entstanden die protestantischen Kirchen. Die folgenden Sätze der zitierten Schrift machen dabei deutlich, dass Luthers Verständnis von Freiheit kein absolutes ist, sondern dass es relativ ist zu Gott: »Um diese zwei sich widersprechenden Aussagen von der Freiheit und Dienstbarkeit zu verstehen, müssen wir bedenken, dass jeder Christenmensch zwiefacher Natur ist, einer geistlichen und einer leiblichen.« Dies kann als inhärente »Bremse« praktischer Freiheitsimpulse wirken: »Darum ist es eine gefährliche, finstere Rede, wenn man lehrt, Gottes Gebote mit Werken zu erfüllen, wo doch die Erfüllung vor allen Werken durch den Glauben geschehen sein muss.«

Martin Luther, einer der bedeutendsten Inspiratoren des Freiheitsbewusstseins, trug daher gleichzeitig dazu bei, dass die Freiheitsbestrebungen des deutschen Volkes lange Zeit vor allem geistig blieben und die praktische Befreiung von unrechtmäßiger Herrschaft, Unterdrückung und Ausbeutung in anderen Ländern ihren Ausgang nahm.

Jacob Böhme ging hier weiter. Auf den ersten Blick muten seine Schriften wie ein schwer fassbares Sammelsurium einerseits alltäglicher und andererseits theologischer Gedanken an – es waren die ersten philosophischen Gehversuche, in deutscher Sprache zu formulieren. Es drängte ihn, seine Fragen und Gedanken zu grundlegenden Aspekten des menschlichen Daseins für sich und andere auszudrücken, und so begann er, die Wörter und Begriffe zu verwenden, die ihm durch seine Lektüre zur Verfügung standen. Er rang darum, die Spaltung zwischen geistiger und sinnlicher Welt aufzuheben und die Grundlagen menschlicher Freiheit ganzheitlich zu denken. Seine Schrift *Drei Prinzipien göttlichen Wesens* zeigt ihn eindeutig als Philosophen – und bringt damit auch die Philosophie zu einer geistigen Höhe, wie sie ihr erstmals die Griechen gegeben hatten:

> *Es kann ein Mensch im ganzen Lauf seiner Zeit in dieser Welt nichts fürnehmen, dass ihm nützlicher und nötiger sei als dieses, dass er sich recht lerne erkennen,*
> *was er sei,*
> *woraus oder von wem,*
> *wozu er geschaffen worden, und*
> *was seine Bestimmung sei.*

Für Jacob Böhme ist die wichtigste Aufgabe des Menschen also, seine persönlichen Prägungen und Bestimmungen zu erkennen. Nur dann ist er auch in der Lage, nicht einfach unbewusst den Regeln seiner Familie, Religion oder Nation zu folgen, sondern auch unabhängig davon individuelle Potenziale zu verwirklichen. Um diese persönliche Bestimmung erkennen und verwirklichen zu können, ist es laut Böhme wesentlich, sich der Fähigkeit der Freiheit zu vergewissern. Und damit Freiheit nicht nur als Idee oder Illusion erscheint, verortet er ihren Ursprung nicht irgendwo, sondern am Grund aller Dinge; so folgt in seinem Werk *Vierzig Fragen von der Seelen*: »Erstlich ist die ewige Freiheit, die hat den Willen, und ist selber der Wille. Nun hat ein jeder Wille eine Sucht etwas zu tun oder zu begehren, und in demselben schauet er sich selbst: er siehet in sich in die Ewigkeit, was er selber ist; er machet ihm selber den Spiegel seines gleichen, dann er besiehet sich, was er ist: so findet er nun nichts mehr als sich selber, und begehret sich selber.«

Die Sehnsucht nach Freiheit, die aus der persönlichen Vergewisserung der Ewigkeit oder des Ganzen erwächst, ermöglicht denn auch noch viel mehr: Sie führt zur persönlichen freien Entscheidung für die Liebe. Böhme äußert dies in seiner Schrift *Von der Menschwerdung* mit folgendem weitreichenden Gedanken: »Der wahre Glaube ist frei und an keinen Artikel gebunden, als nur an die rechte Liebe; darinnen holet er seines Lebens Kraft und Stärke.«

Wer die berühmte Ringparabel aus Gotthold Ephraim Lessings Drama *Nathan der Weise* kennt, dem fällt sicher auf, dass Lessings Formulierung von Böhme fast wörtlich vorgedacht wurde; bei Lessing lautet sie: »Wohlan! Es eifre jeder seiner unbestochnen, von Vorurteilen freien Liebe nach.«

Immanuel Kant und die Freiheit zum guten Tun

Fast zeitgleich zu Lessing (1729–1781) lebte und wirkte Immanuel Kant (1724–1804). Neben den gerade eben genannten ersten deutschen Denkern lässt seine Philosophie auch die Auseinandersetzung mit vielen anderen Philosophen erkennen; insbesondere inspirierte ihn der Franzose Jean Jaques Rousseau (1712–1778). Dieser hatte der seit Mitte des 18. Jahrhunderts in vielen Teilen Europas herrschenden Euphorie von Vernunft, Aufklärung und technischem Fortschritt eine Philosophie des Gefühls entgegengestellt. Er erkannte, wie oft das Denken interessegeleitet ist und forderte, statt einer überschnellen Schulung des Intellekts lieber Herz und Gefühle zu stärken. In seiner *Abhandlung über den Ursprung und die Grundlagen der Ungleichheit unter den Menschen* äußert Rousseau die Überzeugung, der Mensch sei im Grunde nicht schlecht oder böse, sondern im Gegenteil »von Natur aus gut«. Und seine Schrift *Gesellschaftsvertrag* beginnt mit dem berühmten Satz: »Der Mensch ist frei geboren, und überall liegt er in Ketten.« Der Mensch ist nach Rousseaus Überzeugung also von Natur aus sowohl frei als auch gut. Auch an dieses philosophische Menschenbild lässt sich die These dieses Buches anknüpfen: Menschen haben eine ursprüngliche Sehnsucht sowohl nach Freiheit als auch nach Verbundenheit miteinander. Diese beiden grundsätzlichen Bedürfnisse sind eine anthropologische Grundverfassung und lassen sich darum nicht weiter zurückführen auf etwas noch dahinter Liegendes. Rousseau schließt daraus, dass es die vordringlichste Aufgabe jeder Gesellschaft sein müsse, diese angeborenen menschlichen Potenziale zum Frei–Sein und Gut–Sein zu pflegen, und dass verhindert werden müsse, sie durch einseitige Verstandesbildung zu verdrängen. Viel später wird Sigmund Freud diese Erkenntnis so formulieren: Menschen sollten ihre natürlichen Triebe und Sehnsüchte nicht rationalisieren und neurotisieren, sondern sich ihrer bewusst und dadurch freier und lebendiger werden.

Dem von Rousseau geweckten Vertrauen in die menschliche Natur entspricht bei Immanuel Kant die Überzeugung, von einem moralischen Sinn auszugehen, der allen Menschen angeboren ist. In seiner *Kritik der praktischen Vernunft* erhebt er diesen zur Grundlage der Religion. Zugleich sieht er diese moralische Intuition tief im Menschen, die ihn in die Lage versetzt, eigene Interessen zurückzustellen und sich für das Glück anderer Wesen zu engagieren als Beweis der Freiheitsfähigkeit des Menschen. Diese Freiheit sei nicht theoretisch zu beweisen, im Akt des moralischen Handelns aber unmittelbar zu fühlen. Die freie Entscheidung für das gute Handeln sei das eigentliche Wesen des Selbst, erst sie ermöglicht es, den Erfahrungen Sinn zu verleihen und sich größere Ziele zu setzen, als nur den unmittelbaren Trieben und Begierden zu folgen.

Anders als Rousseau, der aus seiner Beobachtung der vorherrschenden egozentrisch orientierten Interessen seiner Zeit gefolgert hatte, dass geschichtlicher Fortschritt mit einem moralischen Rückschritt vom ursprünglich besseren Naturzustand sei, ist Kant zu einer positiven Beurteilung menschlicher Entwicklung gelangt. In seiner Schrift *Idee zu einer allgemeinen Geschichte in weltbürgerlicher Absicht* gibt er zu, dass auch der Kampf und die dahinterstehenden Begierden des Habens und Herrschens notwendige Mittel sein können, um Menschen und ihre Möglichkeiten aus Phasen und Strukturen von Zwang, Engstirnigkeit und Gewohnheit zu befreien und neue Entwicklungen zu ermöglichen. Allerdings sollten diese Kämpfe und Wettbewerbe nicht kriegerisch und gewaltvoll, sondern möglichst friedlich ablaufen, und dazu brauche es Regeln, Sitten und Gesetze. Seine Vision war, dass diese eines Tages in und zwischen allen Staaten so weit entwickelt seien, dass ein »ewiger Friede« möglich werde.

Johann Gottlieb Fichte und die Philosophie des Selbst-Bewusstseins

Auf den Ecksteinen, die Immanuel Kants Erkenntnisse für die Bewusstwerdung von Freiheit und Verbundenheit gesetzt hatte, baute Johann Gottlieb Fichte weiter. Er wurde 1762 geboren, 2012 können wir also den 250. Geburtstag dieses Philosophen feiern, der das Denken des menschlichen Selbstbewusstseins maßgeblich vorangetrieben hat. Fichte scheute sich dabei nicht, den bisher eher in der Religion beheimateten Zentralbegriff der Liebe aufzunehmen. In seinen Vorlesungen über *Die Anweisung zum seligen Leben* finden sich folgende erstaunliche Sätze:

> *Die Liebe teilt das an sich tote Seyn gleichsam in ein zweimaliges Seyn, dasselbe vor sich selbst hinstellend, – und macht es dadurch zu einem Ich oder Selbst, das sich anschaut, und von sich weiss; in welcher Ichheit die Wurzel alles Lebens ruhet. Wiederum vereiniget und verbin-*

*det innigst die Liebe das geteilte Ich, das ohne Liebe nur
kalt und ohne alles Interesse sich anschauen würde. Diese
letztere Einheit, in der dadurch nicht aufgehobenen, sondern ewig bleibenden Zweiheit, ist nun eben das Leben;
wie jedem, der die aufgegebenen Begriffe nur scharf denken und aneinanderhalten will, auf der Stelle einleuchten
muss. Nun ist die Liebe ferner Zufriedenheit mit sich
selbst, Freude an sich selbst, Genuss ihrer selbst, und also
Seligkeit; und so ist klar, dass Leben, Liebe und Seligkeit
schlechthin Eins sind und dasselbe.*

Diese sehr dichten Gedanken sind es wert, etwas genauer
betrachtet zu werden. »Die Liebe teilt das an sich tote Seyn
gleichsam in ein zweimaliges Seyn, dasselbe vor sich selbst
hinstellend, – und macht es dadurch zu einem Ich oder
Selbst, das sich anschaut, und von sich weiss; in welcher
Ichheit die Wurzel alles Lebens ruhet.« In diesem Satz
drückt Fichte in großer Komplexität die mögliche Integration von Freiheit oder Autonomie (sie heißt hier »Ich«) und
Verbundenheit (die hier »Liebe« heißt) aus: Das Sein, egal
ob eines Planeten, eines Vogels oder erst recht eines Menschen, wird erst durch Liebe wirklich lebendig. Ohne Liebe
ist es nur »an sich«: Es funktioniert und erhält sich zwar, jedoch auf eine selbstbezogene Weise, die keine Entwicklung
ermöglicht und daher gleichsam wie tot ist. Durch »Liebe«
entsteht der Bezug dieses Seins zu sich selbst und zu einem
Gegenüber, einem Anderen; in diesem Bezug erkennt das
Ich sich selbst, wird es sich seiner Selbst, seiner Besonder-
heit, seines »Ichs« bewusst. Ein solcher Bezug des Ichs zum
Anderen kann freudvoll oder schmerzvoll sein, auf jeden
Fall erzeugt er eine Art von Spannung oder Energie. Diese
aus dem Bezug zum Anderen entstehende Spannung in mir
selbst erweckt etwas in mir, setzt mich in Bewegung, verändert mich, macht mich auf ganz neue Weise lebendig. Bezug
und Zuwendung führen zu Selbsterkenntnis, Selbstbewusstsein und Lebendigkeit.

Häufig denken wir bei dem Wort »Liebe« in erster Linie an das romantische Gefühl, das wir mit diesem Begriff verbinden. Aber Fichtes Vorstellung geht weit darüber hinaus. »Liebe« ist für ihn in Anlehnung an die umfassende christliche Aussage »Gott ist die Liebe« eine universelle Qualität der gesamten Evolution oder Schöpfung. So lässt sich der obige Satz noch besser verstehen. Die Erkenntnis, dass Frieden und lebendige Harmonie Differenzen und Kämpfe nicht ausschließen und sie in gewisser Weise sogar voraussetzen, haben der griechische Philosoph Heraklit und Immanuel Kant auf je ihre Weise bereits zum Ausdruck gebracht. Fichte nimmt diese Erkenntnis auf und führt sie weiter; er sagt: Differenzen stehen nicht nur nicht im Gegensatz zu Harmonie, Verbundenheit und Liebe, sondern werden letztlich sogar von der Liebe selbst verursacht. »Die Liebe teilt das an sich tote Seyn gleichsam in ein zweimaliges Seyn, dasselbe vor sich selbst hinstellend, – und macht es dadurch zu einem Ich oder Selbst, das sich anschaut, und von sich weiss; in welcher Ichheit die Wurzel alles Lebens ruhet.« Die Liebe ist es, die das Ich sich selbst anschauen und erkennen lässt als ein sich selbst bewusstes, als ein Ich, das sich im andern spiegeln kann.

Dieses erst durch Teilung des Einen entstehende Ich ist jedoch nicht Selbstzweck, sondern »Wurzel des Lebens«, die erst Entfaltung, Vervielfältigung und damit Erweiterung ermöglicht, aber auch Verbindung und Verbundenheit: »Wiederum vereiniget und verbindet innigst die Liebe das geteilte Ich, das ohne Liebe nur kalt und ohne alles Interesse sich anschauen würde.«

An dieser Stelle können wir uns zwei Erkenntnisse vergegenwärtigen, die für die weiteren Ausführungen und Schlussfolgerungen dieses Buches wesentlich sind. Zum einen: Aus der Freiheit der Ich-Entfaltung wird nur dann eine kalte und den Rest der Welt für die eigenen Interessen opfernde Egozentrik, wenn nicht erkannt und verinnerlicht wird, dass ein freies Ich keine Angst um sich selbst haben muss, da es letztlich ein Ausdruck universeller Liebe ist. Zum anderen: Ideen und Initiativen für mehr Frieden und Harmonie zwischen den Menschen, Nationen, Religionen werden nur dann Erfolg haben, wenn sie anerkennen, dass die Bestrebungen von Individualität, Freiheit und Vielfalt nicht gegen sie gerichtet, sondern notwendige Momente der Sehnsucht nach immer mehr und immer neuen Möglichkeiten der Liebe sind. Liebe erfahren Menschen in Beziehungen, in denen sie darin unterstützt werden, sich frei zu entfalten, und sie leben Liebe, wo sie ihrerseits den Menschen, mit denen sie in Beziehung stehen, freie Entfaltung ermöglichen. Liebe ist, wie wir mehrfach festgestellt haben, weniger ein romantisches Gefühl als ein Spielraum unendlicher Möglichkeiten, die jeden Moment zur Wirklichkeit werden können.

Menschen, denen es gelingt, ihr Ich als einzigartigen Mitschöpfer dieser unendlichen Liebe zu verstehen und zu fühlen, befreien sich dadurch sowohl *von* den Ängsten, die sie einengen und bedrücken, als auch *für* den Sinn und die Freude des lebendigen Seins. Fichtes letzter Satz drückt dies geradezu überschwänglich aus: »Nun ist die Liebe ferner Zufriedenheit mit sich selbst, Freude an sich selbst, Genuss ihrer selbst, und also Seligkeit; und so ist klar, dass Leben, Liebe und Seligkeit schlechthin Eins sind und dasselbe.«

In bester philosophischer Tradition betont Fichte an vielen anderen Stellen seines Werkes, dass die Verwirklichung unserer Sehnsüchte und Potenziale der Freiheit und der Verbundenheit letztlich davon abhängt, ob wir erkennen, dass wir dazu fähig sind. In seinen *Vorlesungen über die Bestimmung des Gelehrten* bringt er diesen Gedanken wie folgt auf den Punkt: »Der Mensch muss wissen, wozu er bestimmt ist, sonst vermag er nirgends zu wirken.«

Diese menschliche Selbsterkenntnis war für Fichte nicht ein einmaliger Akt, sondern ein Prozess, der sowohl im Individuum wie auch in der Menschheit insgesamt allmählich fortschreitet. Ähnlich wie vor ihm vielleicht nur Jacob Böhme sah Fichte in der Sehnsucht danach nicht eine zufällige Idee, sondern einen Willen, der im Wesen der gesamten Schöpfung selbst wurzelt. Er suchte darum auch nach einem neuen Begriff, um diesen zentralen Prozess der Schöpfung – oder der Evolution – auszudrücken, und er fand dafür den Begriff »Ich«. Neu daran war natürlich nicht das Wort, denn das Gefühl »ich« zu sein, und später dann die Fähigkeit, zu sich selbst »ich« zu sagen, begleitet den Menschen wohl von Anfang an. Neu war, von diesem »Ich«-Gefühl ausgehend die gesamte Geschichte von Individuen und Gesellschaften zu denken; es war ein neuer Schritt menschlicher Selbsterkenntnis.

Weil Fichte der Überzeugung war, dass es für jeden Menschen und für jedes menschliche Tun entscheidend sei, ob es im Bewusstsein der Freiheit geschieht oder nicht, hielt er es für notwendig, die Bildung dieses menschlichen Selbst- und Freiheitsbewusstseins allen anderen Ausbildungen und Wissenschaften voranzustellen. Dieses Vorhaben nannte er »Wissenschaftslehre«. Fichtes zentrale Gedanken dabei lassen sich mit heutigen Worten wie folgt zusammenfassen:

1. Den allumfassenden Grund aller Dinge, den andere *Gott, Schöpfer, Allah, Brahma, Ungrund* oder ähnliches nennen, bezeichnet Fichte als ICH. In dieser besonderen Bezeichnung kommt zum Ausdruck, dass der Grund aller Dinge weder kalte Materie, noch ein personalisierter »Gott-Vater« ist; jedoch bestimmte Subjekt-Qualitäten aufweist, die wir mit dem Ich-Begriff und Ich-Gefühl verbinden.

2. Jeder Mensch wird nicht nur als körperliches Wesen geboren, sondern mit einem zumindest keimhaften Ich-Gefühl. Das ermöglicht es ihm, alles das, was er ist, von all dem zu unterscheiden was er nicht ist, was also »Nicht-Ich« ist.

3. Da der Mensch in vielerlei körperlicher und seelischer Hinsicht auf andere Menschen und Dinge angewiesen ist, kommt sein Ich-Gefühl immer wieder mit allen anderen »Nicht-Ich« in Berührung.

4. Aus dieser permanenten Auseinandersetzung des Ich mit allem Nicht-Ich erwächst eine latente Stärkung des Ich. Das zuerst nur schwache Ich-Gefühl wird stärker und, indem es sich mit anderen Menschen darüber austauscht, sich seiner selbst zunehmend bewusst.

Dieses aus dem Ich-Gefühl entstehende Ich-Bewusstsein ist jedoch noch lange nicht das Ende menschlicher Selbsterkenntnis. Im Gegenteil, das Abenteuer der Selbsterkenntnis beginnt bei Fichte jetzt erst, so richtig spannend zu werden:

5. Im Laufe des Prozesses der Entwicklung von Ich-Gefühl und Ich-Bewusstsein beginnt der Mensch zu bemerken, dass wesentliche Eigenschaften dessen, was sein besonderes Ich-Gefühl ausmacht, nicht nur ihm eigen sind, sondern in gewisser Weise auch in allen anderen Wesen, und so auch im Grund und Sinn aller Dinge zu finden sind.

6. So kommt der Mensch beim Nachdenken zu der Erkenntnis, dass »Ich« sich nicht nur durch die einmalige Art auszeichnet, in der meine Nase geformt ist; dass jedes »Ich« vielmehr von Sehnsucht nach Liebe und nach Glück oder Freude geprägt ist; und dass es kreative Kräfte, Ideen und Taten erzeugen kann, um immer wieder neue und immer mehr Spielarten dieser Lebensfreude hervorzubringen.

7. An diesem Punkt ist für das menschliche »Ich« klar, dass diese tief in ihm verwurzelte Sehnsucht nach und kreative Fähigkeit für Liebe und Glück offenbar der gesamten Schöpfung oder Evolution zugrunde liegt, und dass also sein innerster Wesenskern nicht von Wesen und Sinn und Glück des Ganzen getrennt, sondern mit diesem verwandt, womöglich mit ihm identisch ist.

8. So stellt der Mensch auch fest, dass sein persönliches Ich-Gefühl und Ich–Bewusstsein nur ein eher schwacher Ausdruck jener universellen Kreativität, Liebe und Freude ist – und dass er, um eine drohende große Kluft zwischen der persönlichen und der universellen Ich-Qualität zu vermeiden, sein persönliches Ich als Teil des universellen Ich und als Weg dahin verstehen kann.

9. Auch an diesem Punkt der Erkenntnis ist das persönliche Ich noch lange nicht am Ende; vielmehr beginnt es in gewisser Weise erst, seine Sehnsucht, möglichst eng mit dem universellen ICH verbunden zu sein, in ganz neuer Qualität zu fühlen, zu verstehen und ihr erst jetzt wirklich bewusst nachzugehen.

10. Insofern führt diese neue Qualität des Ich-Gefühls und -Bewusstseins auch zu einem größeren Glücksgefühl als das Unterwegssein mit dem Halbbewusstsein, denn alles Nicht-Ich, das dem Menschen begegnet, wird nun nicht mehr als Fremdes und Feindliches wahrgenommen, sondern als Ich-Wesen gleicher Art auf dem Weg zum umfassenderen ICH wie er selbst auch. Die auf den ersten Stufen der Ich-Werdung oft noch als fremd, feindlich und begrenzend erlebte Welt wandelt sich so durch das eigene verwandelte Ich-Gefühl und Ich-Verstehen immer mehr zu einem unendlichen Wechselspiel, in dem die Freiheit des Ich ebenso wächst wie seine Verbundenheit mit allem Nicht-Ich.

Der Prozess menschlicher Selbsterkenntnis ermöglicht also nach Fichtes Überlegungen eine immer freiere und stärkere menschliche Potenzialentfaltung, die für ihn ihre entscheidende Motivation und ihren Sinn nicht in egozentrischer Eitelkeit, sondern in Verbundenheit beziehungsweise Liebe hat.

Fichtes Philosophie hatte eine große Ausstrahlung auf viele andere Denker, Dichter und Politiker. Sie spielte eine wesentliche Rolle auch für die Selbstbewusstwerdung der deutschen Nation im Freiheitskampf gegen den späten Napoleon, der nach den Jahren des Anfangs, in denen er den Fortschritt der Freiheit aus der der französischen Revolution in Europa verbreitete, mehr und mehr zum Unterdrücker weiterer freiheitlicher Bestrebungen geworden war. Fichtes Philosophie der Freiheit war und blieb Katalysator einer neuen Qualität auch der Philosophie selbst als freiem menschlichem Selbstbewusstsein. Die großen Philosophen des 19. Jahrhunderts, die nach ihm kamen, von Schelling über Hegel und Marx, Schopenhauer und Nietzsche, übernahmen und entfalteten jeweils diese oder jene Seite seines Denkgebäudes.

Karl Marx und die freie Entwicklung aller

So kam Georg Wilhelm Friedrich Hegel (1770–1831) in seinen *Vorlesungen über die Philosophie der Geschichte* zu dem Schluss: »Die Weltgeschichte ist der Fortschritt im Bewusstsein der Freiheit«. Und Karl Marx (1818–1883) stellte ans Ende seines *Manifests einer kommunistischen Partei* einen Satz, dessen Bedeutung nur wenige der kommunistischen, sozialdemokratischen oder liberalen Bewegungen und Parteien seitdem wirklich verstanden haben. Vom Ausgang der französischen Revolution ernüchtert, zeigte Marx in dieser Schrift zuerst auf, dass und warum die ersten Versuche zum Aufbau einer neuen menschlichen Gesellschaft sich selbst verunstalten und scheitern werden: Weil nämlich die Denk– und Gefühlsgewohnheiten der bisherigen Generationen »wie ein Alp auf den Gehirnen der Lebenden« lasteten. Diese ersten Zukunftsversuche würden daher eine Art Staatskapitalismus werden und nicht das, was sich die Menschen erhofften. Dies traf erstaunlich genau ein. Doch Marx spürte wie Epikur, Rousseau und Fichte vor ihm die noch nicht verwirklichten Sehnsüchte und Potenziale der Menschen nach Freiheit und nach Verbundenheit, und so ging seine Prognose weiter: Die Menschen würden aus den fehlgeschlagenen Versuchen lernen und schließlich eine ganz neue Ebene von Freiheit und Verbundenheit verwirklichen. Diese umriss er mit folgenden Worten: »Eine Assoziation, worin die freie Entwicklung eines jeden die Bedingung für die freie Entwicklung aller ist.«

Friedrich Nietzsche und die Erkenntnis der Liebe

Ähnlich in der Absicht, wenn auch mit ganz anderen Worten hat Friedrich Nietzsche (1844–1900) zum Ausdruck gebracht, was er angesichts der verbreiteten Unmenschlichkeit seiner Zeit fühlte und dachte. Auch er sah in freier Selbsterkenntnis, die für ihn ebenfalls nicht in egozentrischer Selbstverlorenheit, sondern in stärkerer Liebe zu münden hätte, eine entscheidende Qualität menschlicher Zukunft. So klingt das in seinem Werk *Also sprach Zarathustra*:

> *Bleibt mir der Erde treu, meine Brüder, mit der Macht eurer Tugend! Eure schenkende Liebe und eure Erkenntnis diene dem Sinne der Erde! Also bitte und beschwöre ich euch.*
> *Noch kämpfen wir Schritt um Schritt mit dem Riesen Zufall, und über der ganzen Menschheit waltete bisher noch der Unsinn, der Ohne-Sinn.*
> *Euer Geist und eure Tugend diene dem Sinn der Erde, meine Brüder: und aller Dinge Wert werde neu von euch gesetzt! Darum sollt ihr Kämpfende sein! Darum sollt ihr Schaffende sein!*
> *Wissend reinigt sich der Leib; mit Wissen versuchend erhöht er sich; dem Erkennenden heiligen sich alle Triebe; dem Erhöhten wird die Seele fröhlich.*

Mit verwandten Absichten und Sehnsüchten lebte, dachte und wirkte der russische Philosoph Wladimir Solowjow (1853-1900), ein Kenner der gesamten Philosophiegeschichte, auch in besonderer Weise inspiriert von den Schriften Jacob Böhmes. Solowjow zeigt in seinem Buch *Der Sinn der Liebe*, dass jeder Mensch von zwei auf den ersten Blick sehr widersprüchlichen Motivationen bewegt wird: Jeder hat einerseits eine starke Sehnsucht nach universeller Einheit, nach Eins-Sein und All-Sein. Andererseits will jeder aber auch ganz er selbst, ein einzigartiges und freies Individuum sein, und daraus erwächst oft Egoismus. Um diesen Egoismus zu bändigen, hilft es jedoch nicht, an die Vernunft des Einzelnen zu appellieren. Nur die Liebe hat die Kraft, den Egoismus zu überwinden – und zwar auf eine Art und Weise, welche die Individualität und Freiheit des Einzelnen nicht zerstört, sondern bejaht und stärkt. Erst durch die liebevolle Bejahung durch andere individuelle Menschen kann ein Mensch auch seine eigene Individualität wirklich entfalten. In diesem Sinne begreift Solowjow die menschliche Liebe als eine sich in uns Menschen bewusst werdende universelle oder göttliche Qualität; sie werde allerdings kaum erkannt, so dass Menschen ihre göttliche Sehnsucht der Liebe meist auf »dumpfe Affekte und zwanghafte Triebe« reduzierten. Solange dies so sei, solange die Erkenntnis und Bewusstwerdung der wirklichen Liebe nicht ins Zentrum menschlicher Tätigkeit, Wissenschaft und Bildung stehe werde, könne der Mensch sich nicht frei entfalten und bliebe so innerlich unglücklich. Eine neue gesellschaftliche Qualität brauche eine stärkere Bewusstwerdung der Liebe, da nur in dieser echten Verbundenheit miteinander alle Menschen ihre Individualität frei entfalten können.

Noch ein weiterer Denker des späten 19. Jahrhunderts brachte ausreichend Sehnsucht und geistigem Mut zu einer sowohl freieren als auch liebevolleren Perspektive des Menschen hervor. Es war Rudolf Steiner, auch er war stark von Fichtes Freiheitsphilosophie geprägt. So schreibt er in *Die Philosophie der Freiheit*:

> *Frei ist nur der Mensch, insofern er in jedem Augenblicke seines Lebens sich selbst zu folgen in der Lage ist ... Die Handlung aus Freiheit schließt die sittlichen Gesetze nicht etwa aus, sondern ein; sie erweist sich nur als höherstehend gegenüber derjenigen, die nur von diesen Gesetzen diktiert ist. Warum sollte meine Handlung denn weniger dem Gesamtwohle dienen, wenn ich sie aus Liebe getan habe, als dann, wenn ich sie nur aus dem Grunde vollbracht habe, weil dem Gesamtwohle zu dienen ich als Pflicht empfinde? ... Leben in der Liebe zum Handeln und Lebenlassen im Verständnisse des fremden Wollens ist die Grundmaxime der freien Menschen. Sie kennen kein anderes Sollen als dasjenige, mit dem sich ihr Wollen in intuitiven Einklang versetzt; wie sie in einem besonderen Falle wollen werden, das wird ihnen ihr Ideenvermögen sagen.*

Aus diesem Geist heraus hat Steiner gesellschaftliche Innovationen in Gang gesetzt, die noch heute mehr und mehr an Bedeutung gewinnen. Er begründete die Waldorf-Pädagogik, die ganzheitlich das Potenzial von Schülern in den Blick nimmt. Er inspirierte die biologisch-dynamische Landwirtschaft, die Mensch und Natur in gegenseitiger Achtung verbindet. Und er begründete ein neues Bankwesen und eine Philosophie des Unternehmertums, das sich mehr an ganzheitlichem Unternehmenssinn als am reinen Profit orientiert. Wie Karl Marx, Friedrich Nietzsche oder auch jeder andere bedeutende Denker hatte natürlich auch Rudolf Steiner seine Eigenheiten und Einseitigkeiten. Sie wahrzunehmen, ist richtig, aber wichtiger ist, zu erkennen, wo die innovativen Impulse liegen, und sie zu unterscheiden von den Begrenzungen ihrer Zeit oder persönlicher Umstände, von denen kein Denken frei ist.

7. Innovationen

In den letzten drei Jahrhunderten der Menschheitsgeschichte entstanden wirtschaftliche und soziale Innovationen in einem Ausmaß und Tempo, wie es bis dahin noch nie der Fall war. Dadurch haben sich die materiellen und rechtlichen Voraussetzungen für die freie Entwicklung vieler Menschen enorm erweitert. Liegen womöglich in den Sehnsuchtskräften nach mehr Freiheit und mehr Verbundenheit sogar die Gründe dieser Innovationen? Dies wollen wir im Folgenden erforschen, indem wir uns auf die Entwicklungen konzentrieren, die wir positiv fortschrittlich einschätzen. Das bedeutet nicht, dass die Schattenseiten und Gefahren verdrängt werden sollen, die mit vielen Innovationen ebenfalls einher gehen. Allerdings sehen wir die Ursache gerade der dunkleren und bedrohlichen Seiten wirtschaftlicher und technischer Entwicklungen in Ängsten und Süchten von Menschen, nicht in den Entwicklungen als solchen.

Das Wort *Innovation* kommt vom lateinischen Verb *innovare (erneuern)* und bedeutet *Neuerung* oder *Erneuerung*. Zur näheren Kennzeichnung wirtschaftlicher und gesellschaftlicher Entwicklungen wurde der Begriff 1911 von Josef Schumpeter (1883–1950) in seiner *Theorie der wirtschaftlichen Entwicklung* verwendet. Darin betont er, dass eine Innovation mehr sei als eine neue Idee oder Erfindung.

Diese würden erst dann zu Innovationen, wenn sie sich gegen Traditionen und Trägheitskräfte durch »schöpferische Unternehmer« in Wirtschaft und Gesellschaft durchsetzten. Der russische Zukunftsforscher Nikolai Kondratjew (1892–1938) erweiterte Schumpeters Innovationstheorie 1926 zur *Theorie der »Langen Wellen«*, die 1939 wiederum von Schumpeter aufgegriffen und von ihm als *»Kondratjewzyklen«* bezeichnet wurden. Der Theorie folgend spricht man heute meist von fünf vergangenen und einem gerade beginnenden sechsten Kondratjewzyklus. Jeder Kondratjewzyklus ist geprägt von einer sogenannten Basisinnovation. Darunter versteht man grundlegende technische Innovationen, deren breiter Einsatz zu einer Umwälzung der wirtschaftlichen Produktion wie auch der wirtschaftlichen und gesellschaftlichen Organisation führt. In der »Aufschwungphase« sorgen Erzeugung und Vertrieb einer Basisinnovation für höhere Gewinne im Vergleich zu anderen Produkten oder Produktionen. Die Erfolge der Pionierunternehmen motivieren immer mehr Unternehmer dazu, in den Innovationsbereich einzusteigen, was zu wachsendem Preiswettbewerb führt und dazu, dass nach zehn bis 20 Jahren breite Schichten der Bevölkerung mit der Basisinnovation versorgt sind. Dann fallen die Gewinnmargen. Konkurse häufen sich, wirtschaftliche und oft auch gesellschaftliche Krisen können die Folge sein.

Bereits Schumpeter wusste jedoch, dass eine rein ökonomische Theorie keine ausreichende Erklärung dafür bietet, wie und warum eine Erfindung zu einer Basisinnovation wird, die Wirtschaft und Gesellschaft verändert. In dieser Erkenntnislücke ist Raum für unsere Vermutung von der Innovationswirkung der zwei grundlegenden menschlichen Sehnsüchte nach Freiheit und Verbundenheit.

Die amerikanische und französische Revolution und die nachfolgende Ausbreitung ihrer Grundprinzipien in Nordamerika und Westeuropa hatten zu prinzipieller Freiheit und Gleichheit in Europa und Nordamerika geführt, im Laufe der Jahrhunderte auch für Frauen, Menschen, die keine weiße Hautfarbe hatten, und weitere »Minderheiten«. Damit war jedoch in erster Linie ihre »negative Freiheit« erreicht, das heißt die Abwesenheit von Bedingungen, welche die Freiheit behindern. Die positive Freiheit im Sinne freier Entfaltung der Potenziale aller Menschen war damit noch lange nicht gegeben. Gleiche bürgerliche Rechte nützen einem Menschen wenig, wenn ihm Nahrung, Kleidung und Wohnung fehlen, sowie Telefon, Auto oder Internet, um sich ohne Existenznöte auch frei bewegen und kommunizieren, das heißt mit anderen vielseitig verbinden zu können. Aus dieser Perspektive lassen sich die Basisinnovationen der Kondratjewzyklen als grundlegende Schritte zur Verwirklichung positiver Freiheit verstehen. Schauen wir sie uns dazu etwas genauer an:

1780–1849: Die Dampfmaschine

Als Basisinnovation des *ersten Kondratjewzyklus*, der zwischen 1780 und 1849 angesetzt wird, gilt die *Dampfmaschine*. Diese revolutionierte die Herstellung von Tuch und damit Kleidung ebenso wie die von Baumaterialien. Die Schifffahrt wurde dadurch relativ unabhängig vom Wind und konnte ihre Routen weitaus planmäßiger und effektiver gestalten. All dies waren wichtige Grundlagen dafür, dass viel mehr Menschen als bisher sich von ländlichen Sippenverbänden lösen und in Städten mit Arbeitsmöglichkeiten im frühindustrialisierten Bereich erste Schritte eines unabhängigeren, selbstbestimmteren Lebens gehen konnten. Die sicherer und günstiger gewordene Schifffahrt trug auch zur ansteigenden Auswanderung von Europäern aus den politisch und geistig restaurativen Gesellschaften ins freiere Amerika bei.

Der *zweite Kondratjewzyklus*, den man zwischen 1840 und 1890 ansetzt, brachte mit der Durchsetzung seiner Basisinnovation *Eisenbahn* eine zuvor kaum vorstellbare Erweiterung von Güter- und Personentransporten in fast allen Regionen der Erde. Erstmals konnten Millionen Menschen relativ günstig und sicher reisen, das heißt, sowohl ihren Horizont – die Freiheit – erweitern als auch Handel und Freundschaft in vielen Teilen der Welt pflegen und damit Verbundenheit erfahren. Diese erweiterten Möglichkeiten waren zwar nicht allen gesellschaftlichen Gruppen und Schichten zugänglich, doch geistig und materiell konnten mehr denn je davon profitieren. Unternehmerisches Handeln stand durch die vervielfachten Transport- und damit Handelsmöglichkeiten mehr Menschen offen; materielle Ressourcen beziehungsweise unternehmerische Risikobereitschaft vorausgesetzt, hatten Menschen mehr Optionen, und die Freiheit zu wählen, wurde größer.

1890–1940: Elektrotechnik

Elektrotechnik war die Basisinnovation des *dritten Kondratjewzyklus* zwischen 1890 und 1940. Elektrisches Licht, Telefon, Radio und Kino gingen mit ihr einher, aber auch Regelungstechnik für Chemieindustrie und Schwermaschinenbau, Schlaghämmer im Bergbau, Traktoren und vieles andere mehr. Diese Innovationen führten zu einer starken Reduktion der Wochenarbeitszeit und verschafften Millionen von Menschen erstmals Freizeit. Es soll hier nur angedeutet werden, was dies sowohl quantitativ – für mehr Menschen denn je – als auch qualitativ mit erweiterten Bildungsmöglichkeiten für die Freiheitssehnsucht wie für die nach Verbundenheit bedeutete: Buch- und Zeitungsdruck sowie Schifffahrt und Eisenbahn hatten bereits vorher andere Teile der Welt und andere Dimensionen des Lebens in den Alltag der Menschen gebracht. Mit Telefon, Radio und Kino erweiterte sich dies zu einer neuen Qualität – diese Medien machten dem Menschen auch die räumlich oder sozial weit entfernte Welt mit geringem Zeit- und Kostenaufwand nicht nur intellektuell, sondern auch für Gefühl und Bewusstsein zugänglich. Nun konnten erstmals Menschen praktisch aller Bevölkerungsschichten ihre Wissens-, Erlebnis- und Bewusstseinswelten aus der Enge lokaler Traditionen befreien oder auch Verbundenheitsgefühle mit bislang Fremdem entwickeln.

1940–1990: Das Automobil

Die Zeit von *1940 bis 1990* brachte – zuerst in den USA, dann in England und Deutschland, später in fast allen anderen frei-demokratischen Ländern – eine Zeit des »Wirtschaftswunders« und ein bis dahin kaum vorstellbares wirtschaftliches und kulturelles Aufblühen. Als Basisinnovation dieses *vierten Kondratjewzyklus* gilt das *Automobil*, das jetzt weltweit in Millionenstückzahlen und tausenden Varianten gefertigt wurde. Es ermöglichte eine ungeheure Ausweitung der Mobilität und damit auch freier Individualität. Aber auch freie menschliche Verbundenheit wurde so mehr denn je möglich, denn nun konnte man sowohl Freundschaften und Liebesverhältnisse, als auch politische oder geistige Bündnisse viel komplexer und sensibler gestalten als je zuvor. Der Höhepunkt dieser wirtschaftlichen und gesellschaftlichen Innovationswelle liegt um das Jahr 1968. Die »Beatles«, der »Summer of Love« und das »Woodstock-Festival« sind keine zufälligen Phänomene. Kulturelle Anstöße dazu kamen von Joan Baez, den Beatles, Bob Dylan und anderen, welche in ihren Liedern ein freieres und liebevolleres Lebensgefühl propagierten. Philosophen wie John Paul Sartre, Simone de Beauvoir, Herbert Marcuse und Allan Gins-

berg verliehen diesem Freiheitsgefühl Selbstbewusstsein. De
Beauvoir (1908–1986) bringt dies in ihrer Schrift *Für eine Moral der Doppelsinnigkeit* so zum Ausdruck: »Trotz der schwindelerregenden Größe der uns umgebenden Welt … bleibt die Tatsache bestehen, dass wir heute und immerdar frei sind, wenn wir uns dafür entscheiden, unser Dasein in seiner auf das Unendliche hin offenen Endlichkeit zu wollen. Jeder Mensch, der einmal wirklich geliebt hat, weiß ganz genau, dass man, um seiner Ziele sicher zu sein, keiner Garantie von außen bedarf.«

Mit diesem vierten Kondratjewzyklus begann auch eine Schwerpunktverlagerung der Innovationen. Viele soziale Innovationen, die erst heute zunehmend Anerkennung und Ausweitung finden, nahmen damals ihren Anfang: Wohngemeinschaften, Gleichberechtigung von Lesben und Schwulen, Patchworkfamilien, die Idee eines allgemeinen Grundeinkommens. Interessant ist, dass der bis dahin nur von wenigen Utopisten vertretene Vorschlag für ein existenzsicherndes Grundeinkommen damals nicht von linken oder sozialdemokratischen Parteien, sondern durch einen Denker der Freiheit gesellschaftsfähig gemacht wurde. Es war Milton Friedman (1912–2006), ein einflussreicher Theoretiker des Liberalismus, der 1962 in seinem Bestseller *Kapitalismus und Freiheit* die Vorteile des freien Marktes für die Optimierung gesellschaftlicher Freiheit begründete. Der Staat sei notwendig, um Grund- und Eigentumsrechte zu sichern, rechtliche Rahmenbedingungen und friedliche Konfliktlösungen zu garantieren. Aber aufgeblähte Bürokratien verhindern seiner Meinung nach die freie Entfaltung der Menschen mehr, als sie diese fördern. Friedman erkannte, dass die Freiheit zur Entfaltung eine angstfreie Existenzsicherung voraussetzt – es leuchtet unmittelbar ein, dass sich nicht frei entwickeln kann, wer für sich und seine Kinder keine Nahrung und Wohnung hat, oder dass die aus der Überlebensangst erwachsende Kriminalität die Freiheit vieler anderer erschwert.

In seinem Buch *Chancen, die ich meine – Free to Choose* tritt Friedman dafür ein, dass jeder Mensch ohne Arbeitszwang Geld für die elementaren Lebensgrundlagen seiner selbst oder seiner Familie zur Verfügung haben soll, und zwar auf möglichst unbürokratische Weise: einfach über das Finanzamt, welches sowieso die Steuererklärungen bearbeitet und daher Einblick in die Einkommenssituation aller Bürger hat. Es würde von denen, deren Einkommen unter einem bestimmten Minimum liegt, nicht nur keine Steuer verlangen, sondern diesen die Differenz zum Minimum ohne weitere Prüfungen überweisen. Friedman war der Ansicht, dass zu viel Bürokratie eher geeignet ist, alte Machtstrukturen zu festigen, als Freiheits- und Verbundenheitsgefühl zu stärken. Anhand konkreter Berechnungen zeigte er auch, dass nur ein geringer Teil des Geldes, das die USA zur Bekämpfung der Armut ausgeben, bei den betroffenen Menschen ankommt, weil es vor allem in die Bürokratie und deren Personalkosten fließt. Hätte man die ausgegebene Gesamtsumme nur durch die Zahl der Betroffenen geteilt, wäre deren Einkommen eineinhalb- bis zweimal so groß gewesen wie das Durchschnittseinkommen der Bevölkerung.

Doch auch gesellschaftliche Verunsicherung nahm wieder zu, ausgelöst durch die erste große Krise der Automobilindustrie in den 70-er Jahren. Für viele sind die Jahre um 1968 trotz manch hippiehafter Übertreibungen mit einem wundervollen Vorgeschmack dafür verbunden, was freien und liebevollen Menschen möglich ist. Diese Saat sollte in der kommenden Innovationswelle neuen Nährboden finden.

Sind sich die Anhänger der Theorie der langen Innovationswellen bis hierhin relativ einig, so ist das bei den folgenden Kondratjewzyklen nicht mehr der Fall. Die einen halten den fünften Zyklus mit der Basisinnovation Informationstechnik für bereits vergangen und die Welt am Beginn des sechsten, dessen Basis erstmals nicht mehr eine neue Technik, sondern integrative Dienstleistungen im Bereich menschlicher Gesundheit, Umwelt und Kreativität ist. Andere sehen beide Prozesse als Teile eines Innovationszyklus und definieren als dessen Basisinnovation die Informationsintegration in einem ganzheitlichen Sinn, zu der sowohl entsprechende Technik als auch menschliche Kompetenz, Gesundheit und Kreativität gehören. Wir schließen uns hier der letzten Position an und sehen sie bestätigt durch verblüffende wirtschaftliche Erfolge von Unternehmen wie *Google*, *Apple* und *Facebook*, die sowohl durch innovative Informationstechnik als auch durch geniale menschliche Informationsintegration entstanden sind.

Es gibt manche düsteren Prophezeiungen über das mögliche Unheil, das der heutigen Jugend durch den unbeschränkten Informations- und Medienzugang droht. Nüchterne Studien des Medien- und Freizeitverhaltens sagen jedoch eher das Gegenteil: Es gibt zwar das Phänomen der Computersucht, doch die große Mehrzahl der Jugendlichen nutzt das Internet vor allem dazu, sich Wissen anzueignen und mit Menschen überall auf der Welt zu kommunizieren. Sie sitzen weniger vorm Fernseher als ihre Eltern und treffen sich viel öfter als diese »ganz echt« mit Freunden; und dank der Sozialen Medien haben sie meist mehr Freunde als ihre Eltern. Ein Blick in die Studien verschiedener Freizeitforschungsinstitute, die man leicht im Internet findet, wird diese Einschätzung bestätigen.

Um die Ängste der älteren Generationen vor den neuen

Freiheiten der heutigen Jugend nicht zu verurteilen, sondern zu verstehen, schauen wir sie uns etwas näher an. Dabei hilft eine Analyse, die der Sozialpsychologe Erich Fromm (1900–1980) in seinem Buch *Die Furcht vor der Freiheit* darstellt. Er schreibt, dass der moderne Mensch seiner Zeit sich zwar von den Fesseln der früheren Gesellschaften befreit, doch damit zugleich auch deren Sicherheiten und Grenzen verloren hat, und führt weiter aus: »Die Freiheit hat ihm (dem modernen Menschen) zwar Unabhängigkeit und Rationalität ermöglicht, aber sie hat ihn isoliert und dabei ängstlich und ohnmächtig gemacht. Diese Isolierung kann der Mensch nicht ertragen, und er sieht sich daher vor die Alternative gestellt, entweder der Last der Freiheit zu entfliehen und sich aufs neue in Abhängigkeit und Unterwerfung zu begeben oder voranzuschreiten zur vollen Verwirklichung jener positiven Freiheit, die sich auf die Einzigartigkeit und Individualität des Menschen gründet.«

Die Kunst des Liebens

Diese positive Freiheit der Individualität beschreibt Fromm als die volle Entfaltung der intellektuellen, emotionalen und sinnlichen Potenziale eines Menschen, die nur in dem Maße möglich wird, wie der Mensch zugleich zu einer größeren und bewussteren Verbundenheit findet. Nicht zufällig bezeichnet er diese freie und bewusste Verbundenheit als *Liebe*. Die Grundgedanken seines erstmals 1956 veröffentlichten Werks *Die Kunst des Liebens* sind nach wie vor aktuell: Der Mensch, so Fromm, ist von Natur aus ein Wesen, das anderer Menschen bedarf. Deshalb ängstigt ihn die Isolation, die aus der Loslösung von früheren Gebundenheiten entsteht. Er sucht daher neue Vereinigung auf verschiedenen Wegen, die ihm jedoch oft keine wirkliche Erfüllung bringen. Fromm unterscheidet dabei folgende Arten scheinbarer oder teilweiser Vereini-

gung von der Liebe, die allein den Menschen wirklich
erfüllt:

Die *Pseudo-Einheit der Konformität*, egal ob in Neo-Nazi-Gruppen oder in modernen Sekten, enthebt den Einzelnen zwar der Isolation und nimmt ihm manche Ängste, aber um den Preis, dabei große Teile seiner Individualität zu unterdrücken. Auf den ersten Blick individueller ist der *Marketing-Austausch*: Der Mensch ist bereit, anderen Menschen etwas Besonderes zu geben, das von diesem gewünscht wird, jedoch nur im Austausch gegen etwas anderes, ansonsten entsteht das Gefühl, betrogen worden zu sein. Etwas mehr Verbundenheitsgefühl entsteht in der *orgiastischen Vereinigung*, die beim Sex, aber auch bei großen Gemeinschaftserlebnissen wie etwa in Fußballstadien erlebt werden kann. Doch diese ist vorübergehend und entlässt den Einzelnen immer wieder in die Lehre der Isolation.

Wirkliche Verbundenheit, in der die Freiheit, Integrität und Individualität der Beteiligten nicht nur bewahrt, sondern sogar verstärkt wird, entsteht nur in der Liebe. Sie ist daher nach Fromm die einzige befriedigende Antwort auf die Frage der menschlichen Existenz. Zu ihr gehören die Erkenntnis des eigenen Ich und die Achtung der Individualität des Anderen. Weil Liebe mehr ist als nur ein Gefühl, weil sie auch Bewusstsein und Aktivität erfordert, spricht Fromm von der *Haltung der Liebe*. Eine solche Haltung bezieht sich nie nur auf eine/n andere/n oder ein anderes, sie ist eine Haltung der ganzen Welt gegenüber.

Dieser etwas längere Ausflug in die Psyche der heutigen Generationen war kein zufälliger Exkurs. In den technisch-industriellen Zyklen der Dampfmaschine, der Eisenbahn, der Elektrotechnik und des Automobils ging es immer vor allem darum, Rohstoffe und Energien effizienter einzusetzen. Jetzt geht es primär um die Effizienz von Informationen, und das heißt: vor allem *um Informationsflüsse zwischen Menschen* und *im Menschen*. Wir sind nun an einer

Stelle der Entwicklung angekommen, an der die Entfaltung der menschlichen Sehnsüchte und Potenziale selbst zur entscheidenden Ressource von wirtschaftlicher und gesellschaftlicher Entwicklung wird. Da die Informationsverwaltung mehr und mehr durch Informationstechnik erledigt wird und überall auf der Welt fast zum Nulltarif zu haben ist, entscheiden vor allem individuelle Intuition und Kreativität, sowie zwischenmenschliche Kommunikation und Kooperativität darüber, welche Unternehmen und Gesellschaften wachsen und blühen. Individuelle Intuition und Kreativität aber sind Funktionen der Freiheit: je mehr ich dazu fähig bin, unabhängig von Gewohnheiten und Suggestionen eine Sache oder Situation möglichst umfassend zu verstehen, desto freier, aber auch desto kreativer bin ich. Kommunikation und Kooperativität sind Funktionen menschlicher Verbundenheit: Je besser verschiedene Menschen einander anerkennen, sich füreinander öffnen und so auch verstehen und ergänzen können, desto intensiver ist ihre Verbundenheit, aber auch ihre gemeinsame Treffsicherheit und Kreativität.

Der amerikanische Wirtschaftsforscher Warren Bennis hat die weltweit einflussreichsten technischen und sozialen Innovationen der letzten Jahrzehnte untersucht und zeigt deren gemeinsames Erfolgsgeheimnis in seinem Buch *Geniale Teams: Das Geheimnis kreativer Zusammenarbeit*. Es braucht Menschen, die von einer Sache inspiriert sind, doch mehr denn je brauchen diese auch ein herrschaftsfreies Team, in dem jeder seine Potenziale voll einbringen kann und mag. Bennis schreibt: »Jeder spürt, dass er oder sie einen wesentlichen Beitrag zum Erfolg der Organisation leisten. Wenn das geschieht, fühlen sich Menschen in Balance, und das gibt ihrer Arbeit einen Sinn.«

Um besser zu verstehen, was ein »herrschaftsfreies Team« ausmacht und warum es oft nicht gelingt, Führungskompetenz und freie Potenzialentfaltung aller zu vereinbaren, ist noch ein kurzer Blick in die moderne Psychologie und Soziologie der Emotionen sinnvoll. Mehr dazu ist nachzulesen im Buch *Die emotionale Matrix*. An dieser Stelle geht es uns vor allem um das sogenannte »Machtgefühl«. Jeder kennt die enormen Pendelausschläge dieser starken Emotion, die der Mensch von vormenschlichen Gruppenverbänden geerbt hat. Auf der einen Seite ist da das Gefühl so großer Begabung und Mächtigkeit, dass alle anderen zu folgen haben. Auf der anderen Seite der Skale gibt es ein depressives Gefühl der eigenen Wertlosigkeit, das bereit macht, jedem zu folgen, nur um nicht isoliert und schutzlos zu sein.

Wir haben anfangs ausgeführt, inwiefern die Menschwerdung überhaupt nur möglich war, weil neue, liebevollassoziative Sozialgefühle die Beschränktheit der Machtorganisationen abgelöst haben. Seitdem zeigt die Geschichte keine einheitliche Tendenz: Es gab Phasen und Gesellschaften, die vor allem vom auf freie Weise verbindenden Gefühl der Liebe geprägt waren, aber immer wieder auch solche, in denen Machtinstinkte herrschten, die häufig letztlich selbstzerstörerisch wirken.

Der Neurobiologe Umberto Maturana kommt daher zur Erkenntnis (im Buch *Liebe und Spiel. Die vergessenen Grundlagen des Menschseins*): »Unsere gegenwärtigen Schwierigkeiten bestehen nicht, weil wir nicht über ausreichendes Wissen verfügen oder weil es uns an technischen Fähigkeiten mangelt; unsere gegenwärtigen Schwierigkeiten sind das Ergebnis eines Mangels an Sensitivität …, eines Verlustes, den wir erleiden durch unser Eingebundensein in die Konversationen der Inbesitznahme, der Macht, der Kontrolle über das Leben und über die Natur, die unsere patriarchale Kultur bestimmen«.

Auf der Reise durch die Kulturgeschichte unserer menschlichsten Potenziale sind wir mitten in der Gegenwart angekommen. Wir Menschen, die wir heute leben, haben die Chance, eine in vielerlei Hinsicht neue Wirtschafts- und

Gesellschaftsform entstehen zu lassen: Wirtschaft, Gesellschaft und Kultur, in der einerseits mehr Freiheit und Vielfalt anzutreffen ist, und gleichzeitig größere Verbundenheit denn je. Wenn wir die Herausforderung, die in unseren Potenzialen und Sehnsüchten liegt, bewusst annehmen, wird es vermutlich gelingen, auch die riesigen Aufgaben zu meistern, die vor der Menschheit liegen.

Neue Vorstellungen entwickeln

Jeder, der sich heute auf der Welt umschaut, wird schnell bemerken, dass die Synthese von Verbundenheit und Freiheit durchaus noch nicht dort angekommen ist, wo sie einmal ankommen könnte. »Der Übergang vom Affen zum Menschen sind wir«, mit dieser knappen Feststellung hat bereits Konrad Lorenz sehr bildhaft den gegenwärtigen Stand dieses Entwicklungsprozesses beschrieben: Wir beginnen zu ahnen, was aus uns werden könnte. Gleichzeitig schleppen wir aber noch immer eine Vielzahl unterschiedlicher, aus unserer Vergangenheit mitgebrachter und fest im Hirn verankerter Vorstellungen mit uns herum, die uns daran hindern, zu dem zu werden, was wir werden könnten.

Wir wissen, dass wir die Probleme, die wir mit diesen alten, unser bisheriges Denken, Fühlen und Handeln bestimmenden Vorstellungen erzeugt haben, nicht mit denselben Vorstellungen auch lösen können.

Aber diese alten, von unseren jeweiligen Vorfahren entwickelten und über Generationen hinweg erfolgreich benutzten Welt,- Feind- und Menschenbilder haben sich tief in unsere Gehirne eingegraben, sie sind noch immer so fest im kollektiven Gedächtnis von Familien, Sippen, Stämmen und Volksgruppen verankert und werden durch Gesetze, Glaubens- und Verhaltensregeln und Vorschriften so stark gefestigt, dass sie die gemeinsame Suche nach Lösungen bis heute weitgehend verhindern, die über alle Unterschiede hinausgeht und inzwischen notwendig geworden ist.

Es ist schwer, diese alten Vorstellungen loszuwerden. Schließlich haben die Menschen verschiedener Herkunft

---

Aus natur- und geisteswissenschaftlicher Perspektive haben wir in diesem Buch einige Grundlinien aufgezeigt, wie sich die Potenziale von uns Menschen in Verbundenheit und Freiheit entfalten und wir damit unsere Zukunft gestalten können. Ob diese Zukunft gelingen wird, hängt davon ab, ob ausreichend viele Menschen sich ihrer Sehnsüchte und Potenziale bewusst werden und Entwicklungsräume dafür öffnen und gestalten. Und ob es ihnen gelingt, sich mit ihren jeweiligen Talenten und Begabungen, mit ihren unterschiedlichen Fähigkeiten und Erfahrungen in einer Weise so zusammenzuschließen, dass etwas entsteht, was mehr ist als das, was ein einzelner Mensch allein zu leisten imstande wäre. Der Philosoph Max Scheler hat es vor hundert Jahren so gesagt: »Geist« und damit auch »Be-

diese teilweise sehr unterschiedlichen Vorstellungen über Generationen hinweg als gemeinsame innere Orientierung in der Familie, Gruppe, Schicht und Kultur erfolgreich zur Organisation ihres Zusammenlebens und zur Gestaltung ihrer jeweiligen Lebenswelten genutzt. Getragen und geleitet von diesen Vorstellungen wurden zum Teil sehr unterschiedliche Lebensbedingungen geschaffen, die nun ihrerseits wieder zur Stabilisierung und Aufrechterhaltung der ihnen zugrunde liegenden Vorstellungen, auch der jeweiligen Welt-, Feind- und Menschenbilder beitragen. »Und wenn sie nicht gestorben sind, dann leben sie noch heute ...«: Glücklicherweise enden so nur die Märchen. Im tatsächlichen Leben bestimmen die Vorstellungen, Ziele und Orientierungen, mit denen wir uns auf den Weg machen, ja lediglich die Richtung, die wir einschlagen. Was wir bei dem Versuch, in eine bestimmte, von irgendwelchen Vorstellungen geleitete Richtung voranzuschreiten, tat-

---

Menschen noch erstaunlich lernfähig sind; besonders dann, wenn sie sich für etwas über sie selbst Hinausgehendes begeistern. Und das Jung wie Alt am meisten begeisternde Thema ist und bleibt wahrscheinlich auch in Zukunft die Liebe – sowohl als persönlichste als auch universellste Sehnsucht, Energie und Inspiration.

Auch wir werden uns daher weiter für deren Erforschung und Entfaltung engagieren. Mehr dazu siehe unter www.becomelove.de.

sächlich anrichten, auf welche konkrete Weise und in welchem Ausmaß wir unsere bisherige Lebenswelt verändern, hängt von dem jeweiligen Wissen, den Fähigkeiten und Fertigkeiten ab, über die wir verfügen und die wir zum Erreichen dieser Ziele einsetzen. Die Vorstellungen von Familien, Sippen oder Kulturgemeinschaften, die Orientierung bieten, bleiben oft über Generationen hinweg so, wie sie einmal waren. Die einer Gemeinschaft zur Verfügung stehenden Kenntnisse, ihre Fähigkeiten und Fertigkeiten wachsen jedoch ständig weiter. Das Wissen vermehrt sich, die Fähigkeiten werden erweitert, die Fertigkeiten vervollkommnet. Dieses Wachstum vollzieht sich in unterschiedlichen Gesellschaften in Abhängigkeit von der jeweiligen Ausgangssituation – also dem bis dahin erreichten Wissensstand und den bis dahin bereits entwickelten technischen Möglichkeiten – unterschiedlich rasch und erstreckt sich in Abhängigkeit von der jeweiligen Zielorientierung auf ganz

kultureller Lebensformen, für den Artenschutz und gegen die Absurditäten unserer gegenwärtigen Verschwendungsgesellschaft. Sie sind auf vielfache Weise miteinander vernetzt und können, wenn sie wollen, in kürzester Zeit jede neue Information über den ganzen Erdball verbreiten. Sie lassen sich nicht vereinnahmen und sie lassen sich auch nicht kaufen. Manchmal bezeichnet man diese Gemeinschaften als die Bewegung der »Kulturell-Kreativen«. Der gemeinsame Geist der sie zusammenhält, ist nicht besonders stark, aber dafür schließt er auch niemanden aus, jeder kann sich mit ihnen vernetzen, überall auf unseren Planeten. Sie sind gleichzeitig verbunden und frei. Und sie sind weiter auf der Suche. Ihnen gehört die Zukunft.

Aber auch alle nicht mehr unmittelbar jungen Menschen brauchen sich davon nicht ausgeschlossen zu fühlen. Die moderne Neurobiologie zeigt, dass auch die Hirne älterer

bestimmte Bereiche. Aber die Folgen des unvermeidlichen Erkenntniszuwachses und des damit einhergehenden technologischen Fortschritts sind immer und überall gleich: Das neu hinzugekommene Wissen und die neu erlangten Fähigkeiten passen über kurz oder lang nicht mehr zu den alten tradierten Weltbildern und den daraus abgeleiteten Orientierungen. Die alten Ideen müssen erweitert und die Ziele müssen neu definiert werden. Wenn ein Orientierung bietendes Ziel einigermaßen klar umschrieben ist und der betreffenden Gemeinschaft als deutliches inneres Bild vor Augen steht, kann der technische Fortschritt auch dazu führen, dass dieses Ziel über kurz oder lang auch wirklich erreicht wird.

Dann freilich hat die betreffende Gemeinschaft ihre bisherige gemeinsame Orientierung verloren. Zugleich auch verursacht der Einsatz neuer, effizienterer Technologien zwangsläufig eine Reihe weiterer, zunächst nicht beabsich-

bedarf ständig wächst. So sind viele Träger von »Senioren-heimen« dabei, diese alten Strukturen wieder aufzulösen und die Seniorinnen und Senioren in Wohn- und Hausge-meinschaften inmitten der Städte zu betreuen. Dort haben die Mitglieder dieser Gemeinschaft Gelegenheit, gemein-sam ihre Mahlzeiten zuzubereiten und sich gemeinsam im Rahmen ihrer Möglichkeiten um all das zu kümmern, was ihnen am herzen liegt. In vielen dieser Einrichtun-gen werden Kinder betreut, wird gegenseitig vorgelesen, gemeinsam gesungen, gebastelt und voneinander gelernt. Neue gemeinschaftsformen entstehen aber vor allem zwischen all den vielen jungen Menschen, die inzwischen selbstverständlich »wir« zu allen anderen Menschen sa-gen, unterstützen und keine Lust mehr darauf haben, Be-sitztümer zu verteidigen. Sie finden sich in den Foren des »World Wide Web« und in den Kneipen und Cafés um die Ecke. Sie engagieren sich für den Erhalt der Vielfalt

tigter und auch nicht vorausgesehener Veränderungen der bisherigen Lebenswelt. Diese treten nun als neue Probleme zutage und müssen ebenfalls gelöst werden. Zu diesem Zweck werden neue Vorstellungen entwickelt, neue Ziele definiert und neue Visionen entworfen, die fortan ihrerseits als neue innere Orientierungen die weitere Entwicklung der betreffenden Gemeinschaft bestimmen, wie auch die Mittel und Technologien, die sie zum Erreichen von Zielen wählen. Abermals kommt es nun zu erneuten, zunächst nicht bedachten oder nicht vorausgesehenen Veränderungen der bisherigen Lebenswelt und damit zu neuartigen Problemen, die ihrerseits gelöst werden müssen, und so weiter, bis die betreffende Gemeinschaft schließlich irgendwann nur noch damit befasst ist, all die vielen Probleme zu beheben, die sie selbst erzeugt hat.

Je zahlreicher und verschiedenartiger diese Probleme werden, desto stärker wächst auch die Gefahr, dass ihre so-

Auch in der Wirtschaft beginnt man zu begreifen, dass sich mit noch mehr Druck und noch mehr Wettbewerb keine Effizienzsteigerungen mehr erzielen lassen. Die Zeit der Einzelkämpfer ist vorbei. Teamwork und Gemeinwohl-ökonomie sind Ansätze, die künftig noch effektivere Leistungen und vor allem innovative und kreative Lösungen für die Herausforderungen einer globalisierten Wirtschaft ermöglichen. Immer mehr Unternehmen machen sich deshalb auf den Weg und suchen nach neuen Formen der Zusammenarbeit und der Entfaltung der der Potenziale ihrer Mitarbeiter. Mehr dazu findet sich beispielsweise bei www.kulturwandel.org und bei www.ecogood.org.

Sogar in Altenheimen hat man bemerkt, dass die Steigerung der Effizienz der Pflegemaßnahmen und die Reglementierung der Arbeit der Pflegekräfte nur dazu führt, dass die Senioren immer unselbstständiger werden und der Pflege- und Betreuungs-

zialen Strukturen sich auflösen, da die inneren Bilder zunehmend verloren gehen, die für die innere Organisation und Ordnung gesorgt haben. Wenn es so weit ist, kann die betreffende Gemeinschaft dem drohenden Kollaps nur mit drei unterschiedlichen Strategien begegnen:

Sie kann erstens versuchen, ein ganz bestimmtes Problem aus der Vielzahl der tatsächlich vorhandenen Probleme herauszugreifen und in den Mittelpunkt aller gemeinsamen Anstrengungen der Mitglieder dieser Gemeinschaft zu stellen (Ablenkung, indem ein neues Feindbild geschaffen oder eine neue Vision beschworen wird, zum Beispiel ein Flug zum Mars). So wird eine neue Orientierung in Form einer gemeinsamen Vorstellung zur Lösung genau dieses Problems geschaffen. Allerdings lässt sich die drohende Auflösung der Gesellschaft mit dieser Strategie allenfalls eine Zeit lang aufhalten, aber nicht dauerhaft verhindern.

Das Gleiche gilt auch für die zweite Strategie. Sie er-

---

auch mit ihren Kindern aus der früheren Beziehung gut klarkommt. Auf diese Weise bekommen die Kinder noch einen weiteren »Vater« beziehungsweise eine weitere »Mutter«. So entstehen neue, moderne Großfamilien.

Viele Eltern sind sich der Begrenztheit bewusst, den ein allzu enger familiärer Erfahrungsraum für ihre Kinder bietet. »Um Kinder gut großzuziehen, braucht man ein ganzes Dorf«, heißt eine alte Weisheit aus Afrika, die nun auch immer stärker von den für Kindergärten und Schulen verantwortlichen Pädagogen verstanden wird. »*Community education*« ist ein vielversprechender Ansatz, der in immer mehr Dörfern und Städten eingeführt wird. Auch das von uns mit ins Leben gerufene Netzwerk für Potenzialentfaltung dient diesem Zweck. Mehr dazu siehe unter www.akademiefuerpotenzialentfaltung.org.

schöpft sich in dem Versuch zu expandieren, also die Lösung der selbst erzeugten Probleme auf eine immer größer werdende Gemeinschaft zu verteilen und die dort noch vorhandenen unterschiedlichen Ressourcen zur Lösung oder Abschwächung ebendieser Probleme zu nutzen.

Die dritte Strategie ist die schwierigste, allerdings die einzige, die dauerhaft Stabilität, Wachstum und Weiterentwicklung ermöglicht. Sie scheint banal: Diese Strategie ist der Versuch, eine gemeinsame Vision zu schaffen – für alle Menschen und alle Gemeinschaften der unterschiedlichsten Herkunft und Entwicklungsstandards gleichermaßen gültig und attraktiv; ein inneres Bild, das sich global verbreitet und im Gehirn aller Menschen verankert. Dieses Bild könnte zum Ausdruck bringen, worauf es im Leben, im Zusammenleben und bei der Gestaltung der Beziehungen zur äußeren Welt wirklich ankommt: auf Vertrauen, auf

fen, dass ihr persönliches Liebesglück nicht auf deren Kosten gelebt werden kann. Im Zuge der Individualisierung und Befreiung von traditionellen Rollenbildern gehen Frauen wie Männer mehr solche Beziehungen ein, die ihnen tatsächlich ein gegenseitiges seelisches und erotisches Glück ermöglichen. Während Ehen noch bis in die 80er-Jahre des letzten Jahrhunderts meistens lebenslang hielten, entstehen heute immer öfter sogenannte »Lebensabschnittspartnerschaften«. Und wenn sowohl die erotische als auch die seelische Freude aneinander verloren geht, trennt man sich und sucht einen anderen Partner. Dann kann jeder neue Partner neue Seiten in sich selbst erwecken und zum Klingen bringen. Immer mehr Frauen und Männer versuchen bei der Auflösung ihrer Partnerschaft auch dann noch als Mutter und Vater zusammenzuwirken, wenn sie keine Liebespartner mehr sind. Und wenn sie eine neue Liebesbeziehung eingehen, prüfen sie meist sehr genau, ob der neue Partner

wechselseitige Anerkennung und Wertschätzung, auf das Gefühl und das Wissen, aufeinander angewiesen, voneinander abhängig und füreinander verantwortlich zu sein.

Individualisierte Gemeinschaften

Erstmals im Verlauf der Menschheitsgeschichte gewinnt eine solche gemeinsame Vision gegenwärtig schemenhafte Konturen. Erstmals wird uns bewusst, dass wir alle im gleichen Boot sitzen und dass wir in einer Welt begrenzter Ressourcen nicht ständig mehr Energie und Rohstoffe verbrauchen können. Es wird deutlich, dass unser fossiles Zeitalter zu Ende geht und in Zukunft nur noch eines wachsen kann: die Intensität unserer Beziehungen, das Gefühl von Verantwortung, das Ausmaß an Selbsterkenntnis und das Verständnis unserer eigenen Eingebundenheit in

Viele Frauen und Männer leiden darunter, dass Individualisierung und Globalisierung von Arbeit und Leben das Entstehen und Gelingen von Familien erschweren. Aber die Wandlung und Erweiterung traditioneller Beziehungsformen hat nicht nur Erschwernisse zur Folge, sie bietet auch neue Möglichkeiten für ein Leben mit Kindern. Diese neuen, erweiterten Familienformen erscheinen wie eine moderne Neubelebung von Großfamilien die jahrtausende lang üblich waren. Der moderne Name dafür ist »Patchworkfamilie« oder »Netzwerkfamilie«. Sie entstehen dort wo Frau oder Mann bereits Kinder haben und begrei-

entstehen neue Beziehungsformen wie freundschaftliche Vertrautheit mit gelegentlicher Intimität, aber auch Varianten des »casual sex«, also von Erotik ohne weitere gegenseitige Verpflichtung.

den Prozess der Evolution des Lebendigen, der bis hierher auf unserem Planeten stattgefunden und uns hervorgebracht hat.

Die wichtigste Voraussetzung, die unsere Vorfahren als Hilfestellungen auf diesem Weg für uns bereitgestellt haben, sind die von ihnen gemeinsam über Generationen hinweg geschaffenen und weitergegebenen Kulturleistungen. Die biologischen Voraussetzungen, also die genetischen Anlagen, die es ermöglichen, diese Kulturleistungen hervorzubringen, haben unsere Vorfahren nicht selbst geschaffen. Sie haben sie ihrerseits von ihren Vorfahren beim Übergang zur Menschwerdung übernommen. Dazu zählen vor allem all jene genetischen Anlagen, die die Herausbildung eines enorm plastischen, zeitlebens umbaufähigen Gehirns ermöglichen. Ein solches Gehirn hatten auch die ersten Vertreter unserer Spezies schon; aber die Erfahrungen, die

---

weil zu Sex, Liebe und Partnerschaft immer zwei (oder mehrere) gehören, muss das Sittenbild differenzierter ausfallen. Heute sehen wir eine neue Gegen- und Suchbewegung, katalysiert durch das Internet und diesmal getragen von intellektuellen Frauen, die mit der Gleichberechtigung auch das Recht auf erotische Selbstbestimmung einfordern.

Der Trend-Update zeigt außerdem: Die vertraute Zweierbeziehung zwischen Frau und Mann bleibt nach wie vor das zentrale Modell. Doch sie zeigt sich vielfältiger und ergänzt sich . Sowohl asexuelle Partnerschaften als auch polyamore Beziehungen zwischen mehr als zwei Partnern werden zunehmend normal und anerkannt. Statt hemmungslosem Partnerwechsel, wie er manche Gegenmodelle der 60er-Jahre kennzeichnete, geht es dabei jedoch um Dauerhaftigkeit, um Freiwilligkeit und Transparenz. Dabei

sie damals in ihren frühen Gemeinschaften machen konnten, waren eben andere als die, die wir heute in unseren Familien, Kommunen, Ausbildungsstätten, Betrieben und Altersheimen machen. Und da Erfahrungen Strukturen bilden, ist unser Gehirn auch anders, und deshalb denken, fühlen und handeln wir heute anders als sie, deshalb entfalten wir heute unsere Potenziale anders. Aber heute gilt wie damals: Menschen können ihre Potenziale nur gemeinsam entfalten. Und zwar nicht wie in Ameisenstaaten, nicht herdenartig oder Schwarm-ähnlich: sondern in individualisierten Gemeinschaften, in denen es auf jedes einzelne Mitglied ankommt, in denen jede und jeder Einzelne die in ihr oder ihm angelegten besonderen Begabungen entfalten und mit den eigenen besonderen Fähigkeiten zur Entfaltung der Potenziale beitragen kann, die in diesen Gemeinschaften verborgen sind.

sich jetzt schon ab, dass immer mehr Menschen, vor allem junge Menschen, nach einem Weg in eine Gesellschaft suchen, in der sie sich gleichzeitig verbunden und frei fühlen können. Dabei gibt es auch Sackgassen, in die manche geraten. Und es gibt Irrungen und Umwege, in denen sich manche verlaufen. Aber es ist spannend, die gegenwärtigen Entwicklungen unter diesem Gesichtspunkt etwas näher zu betrachten. Schauen wir uns also diese neuen Trends etwas genauer an.

Ein 2012 veröffentlichter »Trend-Update« des Zukunftsinstituts Kelkheim gibt unter dem Titel »Polylove« einen Überblick über Veränderungen von Liebesbeziehungen, Intimität und Romantik. Dort heißt es:

Der gesellschaftliche Wertewandel hat die individuelle Selbstentfaltung an erste Stelle gesetzt. Die sexuelle Liberalisierung ist die dazu passende Grundströmung. Aber

Möglicherweise ist es das Geheimnis solcher individualisierten Gemeinschaften, dass sie eine innere Organisation entwickeln, die der des menschlichen Gehirns in vieler Hinsicht sehr nahe kommt. Tatsächlich funktionieren alle entwicklungsfähigen Gemeinschaften, die nicht durch Zwänge zusammengehalten werden, so ähnlich wie zeitlebens lernfähige Gehirne: Sie lernen durch Versuch und Irrtum, sie entwickeln flache, stark vernetzte Strukturen, sammeln Erfahrungen und passen ihre innere Organisation immer wieder neu an sich ändernde Rahmenbedingungen an. Durch sich selbst optimierende kommunikative Vernetzungen auf und zwischen den verschiedenen Organisationsebenen gelingt es ihnen, nicht nur möglichst rasch und effizient, sondern auch möglichst umsichtig und nachhaltig auf neue Herausforderungen zu reagieren.

Als Liebende könnten wir dann auch endlich die in uns angelegten Potenziale entfalten. Bis wir dort angekommen sind, wird wohl noch einige Zeit vergehen. Aber es zeichnet

sein. Wir müssten also eigentlich nur etwas wiederfinden, was wir im Taumel der ständigen Bewältigung von Problemen und Krisen verloren haben.

Die einzige Beziehungsform, in der beides, also Verbundenheit und Freiheit, gleichzeitig erlebbar wird, ist die Liebe. Und so ist die Liebe die Lösung für dieses uralte Dilemma, das uns Menschen von Anbeginn begleitet. Um ein Liebender oder eine Liebende werden zu können, bedarf es einer eigenen Transformation. So schwer ist diese Transformation nicht, denn wir alle sind ja bereits mit der Erfahrung auf die Welt gekommen, dass es möglich ist, gleichzeitig aufs Engste mit einem anderen Menschen verbunden und doch jeden Tag ein Stück über sich hinauszuwachsen zu

Und wie es Gehirne gibt, in denen die Kommunikation zwischen rechter und linker Hemisphäre und zwischen »oben« und »unten« nicht so recht gelingt, gibt es auch Gemeinschaften mit entsprechenden Blockaden, Abspaltungen, Zwangsstrukturen und eingefahrenen Bahnen. Solche Gemeinschaften mögen zwar noch für gewisse Zeit überleben. Lebendig, flexibel und vor allem kreativ und innovativ sind sie mit Sicherheit nicht.

Auch in dieser Hinsicht ist es mit einer menschlichen Gemeinschaft nicht anders als mit dem Gehirn: Die Vielfalt neuer Ideen, die es hervorbringt, gibt wie ein Seismograph Auskunft über seinen inneren Zustand. So dass es in allen Gemeinschaften, die nur noch damit beschäftigt sind, ihre bisher entwickelten Strukturen zu erhalten, offenbar genau so schlecht aussieht wie in einem Gehirn, dessen Besitzer im Lauf seines Lebens seine ursprüngliche, angeborene

Damit kann man sogar einfach so weitermachen wie bisher. Aber es macht keine Freude, es ist innerlich nicht erfüllend. Dass die Zahl sogenannter seelischer Störungen in der westlichen Welt trotz des seit Jahrzehnten ständig wachsenden materiellen Wohlstands immer mehr zunimmt, hat hierin vermutlich seine tiefere Ursache. Je stärker man mit anderen verbunden ist, desto mehr fühlt man sich dadurch in seiner Freiheit eingeschränkt. Und je freier und unabhängiger man sein Leben gestaltet, desto mehr verliert man die Verbundenheit mit den anderen.

Beides ist schmerzhaft, deshalb nennen wir das eine Gefühl Fernweh und das andere Heimweh. Das ist ein Dilemma. Und lösen lässt es sich eben nicht durch noch mehr Verbundenheit oder noch mehr Freiheit, sondern nur durch den Aufbau einer Beziehung zu anderen Menschen, in der man sich gleichermaßen verbunden wie auch frei fühlt. Aber dazu ist ine Transformation der bisher herrschenden Beziehungskultur nötig.

Neugier, Begeisterungsfähigkeit und Gestaltungslust verloren hat.

Im Gehirn eines kreativen Menschen zeigt sich mit Hilfe sogenannter bildgebender Verfahren (*funktionelle Magnetresonanztomographie*), dass gleichzeitig mehr und entfernter voneinander liegende Netzwerke aktiviert werden, wenn er ein bestimmtes Bild betrachtet, einem Gedanken folgt oder ein Problem löst. Hirntechnisch können kreative Lösungen also nur dann gefunden werden, wenn es einem Menschen gelingt, sehr viele, sehr verschiedene und bisher voneinander getrennt abgelegte Wissens- und Gedächtnisinhalte gleichzeitig wachzurufen und die für die Aktivierung dieser Inhalte erforderlichen regionalen Netzwerke auf eine neue Weise miteinander zu verknüpfen. Kreativ sein heißt also nicht, Neues zu erfinden, sondern das bereits vorhandene, aber bisher separat gespeicherte Wissen auf

---

regieren. Sie mussten vielmehr in eine Situation geraten, die sich nicht durch die Wiederherstellung eines alten Gleichgewichts lösen lässt. In dieser Situation befindet sich unsere gegenwärtige westliche Gesellschaft.

Transformation ist nicht schwer

Sie ist dadurch gekennzeichnet, dass die Menschen immer deutlicher spüren, dass ihr Bedürfnis nach Verbundenheit einerseits und nach Autonomie und Freiheit andererseits nicht dadurch gestillt werden kann, dass entweder mehr getan wird, um ihr Gefühl von Verbundenheit zu stärken, oder dass versucht wird ihre Möglichkeiten zu einer freien, selbstbestimmten Lebensführung zu verbessern. Sie brauchen beides, Verbundenheit und Freiheit. Und wenn sich beide Bedürfnisse nicht gleichzeitig stillen lassen, erleben sie sich als gefangen in einem Dilemma. Das ist nicht lebensbedrohlich, das löst noch nicht einmal eine Angstreaktion aus.

eine neue Weise miteinander zu verbinden. Wer nicht viel weiß, kann daher nur innerhalb dieser engen Wissensgrenzen kreativ sein. Für menschliche Gemeinschaften heißt das: Um ihre Potenziale entfalten und sich weiterentwickeln zu können, sind sie auf Begegnungen und Austausch mit anderen Gemeinschaften angewiesen, um das hier und dort vorhandene Wissen miteinander zu verknüpfen.

Solche Begegnungs- und Austauschprozesse sind allerdings oft schwierig, vor allem dann, wenn sich einzelne Gemeinschaften über längere Zeit voneinander getrennt und unabhängig voneinander entwickelt haben und sie dabei eigene, für die jeweilige Gemeinschaft spezifische Muster und Strukturen herausgebildet haben. So verfügt jede Familie, jede Sippe, jede menschliche Gemeinschaft über ein charakteristisches Spektrum an Signalen, Ausdrucksformen, Verhaltensweisen, Regeln und Vorschriften, über Ein-

---

deshalb lässt sich eine Krise nur dadurch bewältigen, dass dieses verlorengegangene Gleichgewicht irgendwie wiederhergestellt wird. Wie bei einer Balkenwaage wird dann versucht, entweder auf die eine Waagschale mehr Gewicht zu legen oder von der anderen etwas herunterzunehmen: Bis das System rejustiert ist. Danach ist es zwar zunächst wieder stabiler, aber es ist beim Alten geblieben, einem Gleichgewicht, das leicht gestört werden kann. Eine wirkliche Entwicklung hat nicht stattgefunden, die Mitglieder einer solchen Krisenbewältigungsgemeinschaft sind nach der Krisenbewältigung immer noch genauso unterwegs wie vorher: Mit den gleichen Vorstellungen und Überzeugungen, mit den gleichen Lösungsstrategien, mit den gleichen Denk-, Fühl- und Verhaltensmustern.

Damit sich diese alten Denk-, Fühl- und Verhaltensmuster verändern, brauchen Menschen keine Krisen, auf die sie in ihrer Not nur nach dem Motto »noch mehr vom Alten«

stellungen und Haltungen, Erfahrungen und Überlieferungen. Diese bestimmen die Intensität und die Art der Beziehungen, die die Mitglieder solcher Gemeinschaften untereinander, zu anderen Gemeinschaften, aber auch zu einzelnen Phänomenen ihrer jeweiligen Lebenswelt einzugehen in der Lage sind. In einer Gemeinschaft, in der ein Mensch nicht aufgewachsen ist und all das nicht erlernt hat, gerät er zwangsläufig in Beziehungsschwierigkeiten. Die können in Extremfällen ein Zusammenleben mit allen anders sozialisierten Menschen unmöglich machen.

Die Begegnung und ein fruchtbarer Austausch zwischen Mitgliedern unterschiedlicher Kulturgemeinschaften wird – wie Verknüpfungen im Gehirn – dann möglich, wenn Probleme entstehen, die nur gemeinsam lösbar sind. Oder wenn Aufgaben zu bewältigen sind, die ein Zusammenwirken aller Beteiligten erforderlich machen – und sie klappt dann

Gemeinschaft zusammenhält. So kann es erneut zu einer verstärkten gemeinsamen Anstrengung kommen. Wird die Krise dadurch überwunden, beginnt das alte Spiel wieder von vorn, bis die nächste Krise kommt. Eine wirkliche Weiterentwicklung ist das nicht, eine Lösung wird dauerhaft so nicht gefunden – aber es gibt eine Möglichkeit, diesen ewigen Kreislauf von Krisen und Krisenbewältigung zu durchbrechen. Diese andere Möglichkeit heißt Transformation. Sie wird von jeder menschlichen Gemeinschaft irgendwann gefunden, aber nicht in Form der Bewältigung der nächsten Krise, sondern als Lösung für ein Dilemma, in das diese Gemeinschaft mit ihren eigenen Entwicklungsstrategien, mit ihren bisherigen Entwicklungskonzepten, mit ihren bisherigen Annahmen, Vorstellungen und Ideologien geraten ist.

Krisen sind gefährlich, sie werden als bedrohlich empfunden. Es ist etwas aus dem Gleichgewicht geraten, und

noch besser, wenn dieses Zusammenwirken einen über-springenden Funken der Begeisterung erzeugt.

Bisweilen kann eine menschliche Gemeinschaft, ebenso wie ein einzelnes Gehirn aber so ausgelastet sein, dass alle »Drähte« – im Gehirn in Form von Nervenzellverbindungen und synaptischen Verschaltungen heiß laufen und alle Mitglieder – die Nervenzellen –, sich bis zur Erschöpfung einsetzen müssen, um alle Aufträge zu erledigen und alle Verpflichtungen zu erfüllen. Für eine kurze Zeit mag das gut gehen, aber auf lange Sicht wird man wohl die Organisation dieser Gemeinschaft verändern müssen. Leider wird aber allzu häufig versucht, die entstandenen Probleme durch Rückgriff auf bisher bewährte Strategien zu lösen und vorhandene Ressourcen noch besser zu nutzen als bisher. Aber überall dort, wo Angst geschürt, Druck gemacht, genau vorgeschrieben und peinlich überprüft und kontrol-

nehmend Konflikte und Reibungsverluste. Man erkennt solche zerfallenden Gemeinschaften an dem für die Kompensation dieser Reibungsverluste wachsenden Verbrauch natürlicher Ressourcen und einem ausufernden Leistungs- und Konkurrenzdruck unter den Mitgliedern.

Leidtragende dieser Entwicklungen sind die Schwächeren, und das sind wie immer Alte und Kinder. Beide finden in solchen Gemeinschaften keinen Platz. Die Alten können ihre Erfahrungen nicht mehr einbringen und die Kinder können nicht mehr hinreichend komplexe und vielfältige Erfahrungen sammeln. Beide werden zunehmend verwaltet. Über kurz oder lang übersteigen die Kosten dieser Verwaltungsmaßnahmen und die Reibungsverluste innerhalb solcher Gemeinschaften die von ihr erwirtschafteten Mittel und es kommt zu krisenhaften Entwicklungen. Zwangsläufig verstärken solche Krisen als Notsituationen wieder das äußere Band, das eine solche

liert wird, wo Mitdenken nicht wertgeschätzt wird und nicht zur Übernahme von Verantwortung ermutigt wird, verliert der Innovationsgeist der Mitglieder einer solchen Gemeinschaft sozusagen die thermische Strömung, die er braucht, um seine Flügel zu entfalten. Anfänglich kommt es dann noch zu sogenannten »Leerlaufhandlungen«, die zunehmend in Frustrationshaltungen und Resignation übergehen. Dem dopaminergen Neugier-, Antriebs- und Belohnungssystem im Gehirn der Mitglieder einer solchen Gemeinschaft fehlen dann die erforderlichen Wachstumsimpulse, und es beginnt zu verkümmern. Ohne entsprechende »Wiedererweckung« ihrer Entdeckerfreude und Gestaltungslust ist von solchen Gemeinschaften nicht mehr viel Kreativität zu erwarten. Man kann aber keinen Menschen motivieren, sein kreatives Potenzial zu entfalten, man kann ihn dazu nur einladen, ermutigen, vielleicht auch inspirieren. Die Lust, sich einzubringen, mitzudenken und

nere Einstellungen oder Wertvorstellungen, die Menschen unterschiedlicher Herkunft zusammenführen und miteinander verbinden. Doch auch die von solch einem inneren Verbundenheitsgefühl zusammengehaltenen Gemeinschaften können leicht zerfallen. Das ist meist dann der Fall, wenn das emotionale Band so eng wird, dass es einzelnen Mitgliedern die Luft zum Atmen nimmt. Wenn ihr individuelles Bedürfnis nach Autonomie, Selbstbestimmung und Freiheit in einer solchen Gemeinschaft erstickt wird.

Krise oder Dilemma

Wenn Gemeinschaften nicht mehr durch ein festes inneres oder äußeres Band zusammengehalten werden und sich immer mehr Einzelne auf der Suche nach freier autonomer Lebensgestaltung herauszulösen beginnen, entstehen zu-

mitzugestalten lässt sich nicht anordnen oder verordnen, sondern nur wecken. Was man dagegen bewirken kann, und zwar schneller und nachhaltiger, als es einem später lieb ist, ist die Unterdrückung dieser Lust. Das geschieht immer dann, wenn sie frustriert wird – durch einen Mangel an Aufgaben und Verantwortung, durch unzureichende Wertschätzung, durch Verunsicherung, durch Druck und das Schüren von Angst.

Unsichtbarer Zusammenhalt: der Geist

In jeder menschlichen Gemeinschaft gibt es etwas, das sie wie ein inneres Band zusammenhält. Wenn dieses innere Band zerreißt, zerfällt die betreffende Gemeinschaft. Sie ist dann keine Gemeinschaft mehr, sondern ein zusammengewürfelter Haufen. Ähnlich wie die im Frontalhirn veran-

bezwingbar geworden sind, beginnen solche Not- und Zweckgemeinschaften zwangsläufig wieder zu zerfallen. Dann verfolgt jedes Mitglied wieder seine eigenen Ziele, und sie können nur notdürftig durch Gesetze und Verwaltungsmaßnahmen zusammengehalten werden.

Neben diesem äußeren Band, das die Mitglieder einer Gemeinschaft zur Erreichung bestimmter gemeinsamer Ziele zusammenhält, und neben den zur Erreichung dieser Ziele innerhalb der betreffenden Gemeinschaft geschaffenen Ordnungs- und Organisationsstrukturen können Menschen sich aber auch auf eine tiefere Weise miteinander verbunden fühlen. Dieses Verbundenheitsgefühl hält zum Beispiel zwei Lebenspartner, die Mitglieder einer Familie, wirkliche Freunde und manchmal sogar Nachbarn auch dann eng zusammen, wenn es dafür keinen äußeren Grund gibt.

Manchmal ist es auch ein gemeinsamer Glaube, sind es miteinander geteilte innere Überzeugungen, bestimmte in-

kerten inneren Haltungen und Einstellungen beziehungsweise die Geisteshaltung oder Gesinnung das Denken,
Fühlen und Handeln eines einzelnen Menschen bestimmt,
wird all das, wofür sich eine menschliche Gemeinschaft
einsetzt, was ihr wichtig und bedeutsam ist, was sie im Innersten zusammenhält, durch etwas bestimmt, das genauso
unsichtbar ist, wie diese inneren Einstellungen. Wir nennen
es den Geist, von dem die betreffende Gemeinschaft getragen ist. Fußballmannschaften brauchen, wenn sie ein Spiel
gewinnen wollen, einen Teamgeist, Familien brauchen einen Familiengeist, Schulen einen Schulgeist, Unternehmen
einen Unternehmensgeist.

Dieser gemeinsame Geist, der den Zusammenhalt einer Gemeinschaft stärkt, die Ziele definiert, für die die Mitglieder
dieser Gemeinschaft sich einsetzen, und ihre Beziehungen
bestimmt, entsteht durch die Erfahrungen, die die betref-

Den meisten Kirchen ist das so gegangen, vielen Krankenhäusern und Schulen auch, sogar den Universitäten und
der Armee. Auch Gewerkschaften und Parteien ist ihr jeweiliger guter Geist weitestgehend abhanden gekommen.

Die Ursache dieser ungünstigen Entwicklungen ist leicht
auszumachen: Das Band gemeinsamer Intentionen, das
eine Gemeinschaft normalerweise zusammenhält und ein
Gefühl von Verbundenheit in ihren Mitgliedern erzeugt,
kann allzu leicht zerreißen. Diese Gefahr wächst allein
schon mit der zunehmenden Anzahl von Mitgliedern, die
eine solche Gemeinschaft bilden. Oft ist es auch nur von
außen wirkender Druck, der eine menschliche Gemeinschaft zusammenhält. Immer dann, wenn es den Mitgliedern in einer gemeinsamen Anstrengung gelungen ist,
Hunger, Not und Elend zu überwinden, wenn die Natur
immer besser beherrschbar und äußere Feinde weitgehend

fende Gemeinschaft im Verlauf ihrer Entwicklung als Gemeinschaft macht. Oft werden sie in Mythen und Sagen, in Geschichten und Erzählungen, in Liedern und Aufzeichnungen festgehalten, später als gemeinsame Wertvorstellungen definiert und in Regeln und Gesetzen festgeschrieben.

Normalerweise wird das Denken, Fühlen und Handeln einer Gemeinschaft durch diesen gemeinsamen Geist so gelenkt, dass die betreffende Gemeinschaft genau das zu leisten und weiterzuführen imstande ist, was sie zusammengeführt hat, als sie sich herausgebildet hat. Eine Fußballmannschaft sollte also einen Teamgeist besitzen, der den Spielern hilft, optimal zusammenzuspielen und möglichst viele Fußballspiele zu gewinnen. Ein gemeinsamer Schulgeist sollte Lehrenden und Schülerinnen und Schülern helfen, das zu leisten, wozu die Schule da ist, nämlich die Po-

---

werden könnte.

ursprünglich einmal war und was ihr in Zukunft noch können. Sie wird zu einer Kümmerversion dessen, was sie und ihren Mitgliedern vorhandenen Potenziale entfalten zu eigenen Saft und ist weit davon entfernt, die ihr angelegten noch und entwickelt sich nicht mehr weiter. Sie kocht im eine Zeitlang überleben. Sie funktioniert dann aber nur Wenn eine Gemeinschaft so weit ist, mag sie vielleicht noch abend oder die Berentung.

Pflicht zu erfüllen, warten aber die ganze Zeit auf den Feierabend oder die Berentung.

Pflicht zu erfüllen, warten aber die ganze Zeit auf den Feiergentlich da ist; dann versuchen sie vielleicht noch, ihre ihnen das Wohl ihrer Gemeinschaft und das, wozu sie eigentlich da ist; dann versuchen sie vielleicht noch, ihre der ihre Familie, Schule oder Firma besetzt hat. Dann ist ren Einstellungen, die zu diesem eigenartigen Geist passen, sich in ihrem Frontalhirn genau solche Haltungen und inneden. Und aus den so gemachten Erfahrungen verfestigen

tenziale der Lernenden optimal zu entfalten, sie einladen, ermutigen und inspirieren, sich all das Wissen anzueignen, das sie später im Leben brauchen. Und der gute Geist einer Familie sollten den Zusammenhalt aller Familienmitglieder stärken und der Familie helfen, das zu leisten, wofür sie da ist, also den einzelnen Familienmitgliedern das Gefühl zu vermitteln, dass sie in dieser Familie eng miteinander verbunden sind und ihnen aus dieser Verbundenheit heraus die Kraft erwächst, die es ihnen ermöglicht, ihre Potenziale zu entfalten, zu wachsen, über sich hinauszuwachsen. Menschen, die beispielsweise gemeinsam in einem Krankenhaus tätig sind, müssten von der Chefärztin bis zur Putzfrau davon beseelt sein, alles in ihrer Macht stehende zu tun, damit die Patienten wieder gesund werden können. Das wäre dann der gute Geist eines Krankenhauses.

Bisweilen kommt es vor, dass die Mitglieder einer menschlichen Gemeinschaft, also einer Familie, einer Schule oder einer Firma, sich nicht mehr vorrangig um das kümmern, was ursprünglich Sinn und Zweck der jeweiligen Gemeinschaft war. Dann verschwindet der gute Geist dieser Gemeinschaft, und an seine Stelle rückt dann ein anderer Geist nach, gerade so, als ob er die ganze Zeit nur darauf gewartet hätte, dass er nun die Geschicke dieser betreffenden Gemeinschaft in die Hand nehmen und lenken kann. Manchmal heißt er »Verwaltungsgeist«, manchmal hat er auch gar keinen Namen. Er fängt dann an, das Klima in der betreffenden Familie, der Schule, des Krankenhauses oder des Betriebes zu bestimmen, und dann machen die Mitglieder der betreffenden Gemeinschaft eben die Erfahrung, dass sie nur noch verwaltet, umhergeschoben und ausgenutzt wer-

Bisweilen kommt es vor, dass die Mitglieder einer menschlichen Gemeinschaft, also einer Familie, einer Schule oder einer Firma sich nicht mehr vorrangig um das kümmern, was ursprünglich Sinn und Zweck der jeweiligen Gemeinschaft war. Dann verschwindet der gute Geist dieser Gemeinschaft ,und an seine Stelle rückt dann ein anderer Geist nach, gerade so, als ob er die ganze Zeit nur darauf gewartet hätte, dass er nun die Geschicke dieser betreffenden Gemeinschaft in die Hand nehmen und lenken kann. Manchmal heißt er »Verwaltungsgeist«, manchmal hat er auch gar keinen Namen. Er fängt dann an, das Klima in der betreffenden Familie, der Schule, des Krankenhauses oder des Betriebes zu bestimmen, und dann machen die Mitglieder der betreffenden Gemeinschaft eben die Erfahrung, dass sie nur noch verwaltet, umher geschoben und ausgenutzt wer-

---

tenziale der Lernenden optimal zu entfalten, sie einladen, ermutigen und inspirieren, sich all das Wissen anzueignen, das sie später im Leben brauchen. Und der gute Geist einer Familie sollten den Zusammenhalt aller Familienmitglieder stärken und der Familie helfen, das zu leisten, wofür sie daist, also den einzelnen Familienmitgliedern das Gefühl zu vermitteln, dass sie in dieser Familie eng miteinander verbunden sind und ihnen aus dieser Verbundenheit heraus die Kraft erwächst, die es ihnen ermöglicht, ihre Potenziale zu entfalten, zu wachsen, über sich hinauszuwachsen. Menschen, die beispielsweise gemeinsam in einem Krankenhaus tätig sind, müssten von der Chefärztin bis zur Putzfrau davon beseelt sein, alles in ihrer Macht stehende zu tun, damit die Patienten wieder gesund werden können. Das wäre dann der gute Geist eines Krankenhauses.

den. Und aus den so gemachten Erfahrungen verfestigen sich in ihrem Frontalhirn genau solche Haltungen und innere Einstellungen, die zu diesem eigenartigen Geist passen, der ihre Familie, Schule oder Firma besetzt hat. Dann ist ihnen das Wohl ihrer Gemeinschaft und ihr eigentlicher Zweck egal; dann versuchen sie vielleicht noch ihre Pflicht zu erfüllen, warten aber die ganze Zeit auf den Feierabend oder die Berentung.

Wenn eine Gemeinschaft so weit ist, mag sie vielleicht noch eine Zeitlang überleben. Allerdings »funktioniert« sie dann nur noch, entwickelt sich aber nicht weiter. Sie kocht im eigenen Saft und ist weit davon entfernt, die in ihr angelegten und in ihren Mitgliedern vorhandenen Potenziale entfalten zu können. Sie wird zu einer Kümmerversion dessen, was sie ursprünglich einmal war und was aus ihr in Zukunft noch werden könnte.

---

betreffende Gemeinschaft im Verlauf ihrer Entwicklung als Gemeinschaft macht. Oft werden sie in Mythen und Sagen, in Geschichten und Erzählungen, in Liedern und Aufzeichnungen festgehalten, später als gemeinsame Wertvorstellungen definiert und in Regeln und Gesetzen festgeschrieben.

Normalerweise wird das Denken, Fühlen und Handeln einer gemeinschaft durch diesen gemeinsamen Geist so gelenkt, dass die betreffende Gemeinschaft genau das zu leisten und weiterzuführen imstande ist, was sie zusammengeführt hat, aus welchem Grund und zu welchem Zweck sie sich herausgebildet hat. Eine Fußballmannschaft sollte also einen Teamgeist besitzen, der den Spielern hilft, optimal zusammenzuspielen und möglichst viele Fußballspiele zu gewinnen. Ein gemeinsamer Schulgeist sollte Lehrenden und Schülerinnen und Schülern helfen, das zu leisten, wozu die Schule da ist, nämlich die Po-

Kirchen ist das so gegangen, vielen Krankenhäusern und Schulen auch, sogar Universitäten und Armeen. Auch manchen Gewerkschaften und Parteien ist ihr jeweiliger guter Geist weitgehend abhanden gekommen.

Die Ursache dieser ungünstigen Entwicklungen ist leicht auszumachen: Das Band gemeinsamer Intentionen, das eine Gemeinschaft normalerweise zusammenhält und ein Gefühl von Verbundenheit in ihren Mitgliedern erzeugt, kann allzu leicht zerreißen. Diese Gefahr wächst allein schon mit der zunehmenden Anzahl von Mitgliedern, die eine solche Gemeinschaft bilden. Oft ist es auch nur ein von außen wirkender Druck, der eine menschliche Gemeinschaft zusammenhält. Immer dann, wenn es den Mitgliedern in einer gemeinsamen Anstrengung gelungen ist, Hunger, Not und Elend zu überwinden, wenn die Natur immer besser beherrschbar und äußere Feinde weitgehend

kerten inneren Haltungen und Einstellungen beziehungsweise die Geisteshaltung oder Gesinnung das Denken, Fühlen und Handeln eines einzelnen Menschen bestimmt, wird all das, wofür sich eine menschliche Gemeinschaft einsetzt, was ihr wichtig und bedeutsam ist, was sie im Innersten zusammenhält, durch etwas bestimmt, das genauso unsichtbar ist wie diese inneren Einstellungen. Wir nennen es den Geist, von dem die betreffende Gemeinschaft getragen ist. Fußballmannschaften brauchen, wenn sie ein Spiel gewinnen wollen, einen Teamgeist, Familien brauchen einen Familiengeist, Schulen einen Schulgeist, Unternehmen einen Unternehmensgeist.

Dieser gemeinsame, den Zusammenhalt einer Gemeinschaft stärkende, die Ziele, für die die Mitglieder dieser Gemeinschaft sich einsetzen, definierende und ihre Beziehungen bestimmende Geist entsteht durch die Erfahrungen, die die

bezwingbar geworden sind, beginnen solche Not- und Zweckgemeinschaften zwangsläufig wieder zu zerfallen. Dann verfolgt jedes Mitglied wieder seine eigenen Ziele, und sie können nur notdürftig durch Gesetze und Verwaltungsmaßnahmen zusammengehalten werden.

Neben diesem äußeren Band, das die Mitglieder einer Gemeinschaft zum Erreichen bestimmter gemeinsamer Ziele zusammenhält, und außer durch die von ihr geschaffenen Ordnungs- und Organisationsstrukturen zum Erreichen der Ziele können Menschen sich aber auch auf eine tiefere Weise miteinander verbunden fühlen. Dieses Verbundenheitsgefühl hält zum Beispiel zwei Lebenspartner, die Mitglieder einer Familie, wirkliche Freunden und manchmal sogar Nachbarn auch dann eng zusammen, wenn es dafür keinen äußeren Grund gibt.

Manchmal ist es auch ein gemeinsamer Glaube, sind es miteinander geteilte innere Überzeugungen, bestimmte in-

---

mitzugestalten lässt sich nicht anordnen oder verordnen, sondern nur wecken. Was man aber schneller und nachhaltiger, als es einem später lieb ist, bewirken kann, ist die Unterdrückung dieser Freude. Das geschieht immer dann, wenn sie frustriert wird – durch einen Mangel an Aufgaben und Verantwortung, durch unzureichende Wertschätzung, durch Verunsicherung, durch Druck und das Schüren von Angst.

Unsichtbarer Zusammenhalt: der Geist

In jeder menschlichen Gemeinschaft gibt es etwas, das sie wie ein inneres Band zusammenhält. Wenn dieses innere Band zerreißt, zerfällt die betreffende Gemeinschaft. Dann ist sie keine Gemeinschaft mehr, sondern ein zusammengewürfelter Haufen. Ähnlich wie die im Frontalhirn veran-

nere Einstellungen oder Wertvorstellungen, die Menschen unterschiedlicher Herkunft zusammenführen und miteinander verbinden. Doch auch die von solch einem inneren Verbundenheitsgefühl zusammen gehaltene Gemeinschaften können leicht zerfallen. Das ist meist dann der Fall, wenn das emotionale Band so eng wird, dass es einzelnen Mitgliedern die Luft zum Atmen nimmt. Wenn ihr individuelles Bedürfnis nach Autonomie, Selbstbestimmung und Freiheit in einer solchen Gemeinschaft erstickt wird.

Krise oder Dilemma

Wenn Gemeinschaften nicht mehr durch ein festes inneres oder äußeres Band zusammengehalten werden und sich immer mehr Einzelne auf der Suche nach freier autonomer Lebensgestaltung herauszulösen beginnen, entstehen zu-

liert wird, wo Mitdenken nicht wertgeschätzt wird und nicht zur Übernahme von Verantwortung ermutigt wird, verliert der Innovationsgeist der Mitglieder einer solchen Gemeinschaft sozusagen die thermische Strömung, die er braucht, um seine Flügel zu entfalten. Dann kommt es anfänglich noch zu sogenannten »Leerlaufhandlungen«, die zunehmend in Frustrationshaltungen und Resignation übergehen. Dem dopaminergen Neugier-, Antriebs- und Belohnungssystem im Gehirn der Mitglieder einer solchen Gemeinschaft fehlen dann die erforderlichen Wachstumsimpulse, und es beginnt zu verkümmern. Ohne entsprechende »Wiedererweckung« ihrer Entdeckerfreude und Gestaltungslust ist von solchen Gemeinschaften nicht mehr viel Kreativität zu erwarten. Man kann aber keinen Menschen motivieren, sein kreatives Potenzial zu entfalten, man kann ihn dazu nur einladen, ermutigen, vielleicht auch inspirieren. Die Lust, sich einzubringen, mitzudenken und

nehmend Konflikte und Reibungsverluste. Man erkennt solche zerfallenden Gemeinschaften an dem für die Kompensation dieser Reibungsverluste wachsenden Verbrauch natürlicher Ressourcen und einem ausufernden Leistungs- und Konkurrenzdruck unter den Mitgliedern.

Leidtragende dieser Entwicklungen sind die Schwächeren, und das sind wie immer die Alten und die Kinder. Beide finden in solchen Gemeinschaften keinen Platz. Die Alten können ihre Erfahrungen nicht mehr einbringen und die Kinder können nicht mehr hinreichend komplexe und vielfältige Erfahrungen sammeln. Beide werden zunehmend verwaltet. Über kurz oder lang übersteigen die Kosten dieser Verwaltungsmaßnahmen und die Reibungsverluste innerhalb solcher Gemeinschaften die von ihr erwirtschafteten Mittel und es kommt zu krisenhaften Entwicklungen. Zwangsläufig verstärken solche Krisen als Notsituationen wieder das äußere Band, das eine solche

---

entsteht; denn Begeisterung setzt Neurohormone frei, die wie Dünger im Gehirn wirken und auch bei älteren Menschen entsprechende Lernprozesse in Gang setzen.

Bisweilen kann eine menschliche Gemeinschaft, ebenso, wie ein einzelnes Gehirn, aber so ausgelastet sein, dass alle »Drähte« – im Gehirn in Form von Nervenzellverbindungen und synaptischen Verschaltungen – heiß laufen und alle Mitglieder – sprich im Gehirn die Nervenzellen – sich bis zur Erschöpfung einsetzen müssen, um alle Aufträge zu erledigen und alle Verpflichtungen zu erfüllen. Für eine kurze Zeit mag das gut gehen, aber auf lange Sicht wird man wohl die Organisation dieser Gemeinschaft verändern müssen. Leider wird aber allzu häufig versucht, die entstandenen Probleme durch Rückgriff auf bisher bewährte Strategien zu lösen und vorhandene Ressourcen noch besser zu nutzen als bisher. Aber überall dort, wo Angst geschürt, Druck gemacht, genau vorgeschrieben und peinlich überprüft und kontrol-

Gemeinschaft zusammenhält. So kann es erneut zu einer verstärkten gemeinsamen Anstrengung kommen. Wird die Krise dadurch überwunden, beginnt das alte Spiel wieder von vorn, bis die nächste Krise kommt. Eine wirkliche Weiterentwicklung ist das nicht, eine Lösung wird dauerhaft so nicht gefunden – aber es gibt eine Möglichkeit, diesen ewigen Kreislauf von Krisen und Krisenbewältigung zu durchbrechen. Diese andere Möglichkeit heißt Transformation. Sie wird von jeder menschlichen Gemeinschaft irgendwann gefunden, aber nicht in Form der Bewältigung der nächsten Krise, sondern als Lösung für ein Dilemma, in das diese Gemeinschaft mit ihren eigenen Entwicklungsstrategien, mit ihren bisherigen Entwicklungskonzepten, mit ihren bisherigen Annahmen, Vorstellungen und Ideologien geraten ist.

Krisen sind gefährlich, sie werden als bedrohlich empfunden. Es ist etwas aus dem Gleichgewicht geraten, und

---

stellungen und Haltungen, Erfahrungen und Überlieferungen. Diese bestimmen die Intensität und die Art der Beziehungen, die die Mitglieder solcher Gemeinschaften untereinander, zu anderen Gemeinschaften, aber auch zu einzelnen Phänomenen ihrer jeweiligen Lebenswelt einzugehen in der Lage sind. Wer nicht in einer solchen Gemeinschaft aufgewachsen ist und all das nicht erlernt hat, gerät in einer ihm fremden Gemeinschaft zwangsläufig in Beziehungsschwierigkeiten. Die können in Extremfällen ein Zusammenleben mit diesen anders sozialisierten Menschen unmöglich machen.

Die Begegnung und ein fruchtbarer Austausch zwischen Mitgliedern derartig unterschiedlicher Kulturgemeinschaften wird – ebenso wie im Gehirn – dann möglich, wenn Probleme entstehen, die nur gemeinsam lösbar sind. Oder wenn Aufgaben zu bewältigen sind, die ein Zusammenwirken aller Beteiligten möglich und erforderlich machen. Letztlich entscheidend ist es, ob dabei ein überspringender Funken der

deshalb lässt sich eine Krise nur dadurch bewältigen, dass dieses verlorengegangene Gleichgewicht irgendwie wiederhergestellt wird. Wie bei einer Balkenwaage wird dann versucht, entweder auf die eine Waagschale mehr Gewicht zu legen oder von der anderen etwas herunterzunehmen: Bis das System rejustiert ist. Danach ist es zwar zunächst wieder stabiler, aber es ist beim Alten geblieben, einem Gleichgewicht, das leicht gestört werden kann. Eine wirkliche Entwicklung hat nicht stattgefunden, die Mitglieder einer solchen Krisenbewältigungsgemeinschaft sind nach der Krisenbewältigung immer noch genauso unterwegs wie vorher: Mit den gleichen Vorstellungen und Überzeugungen, mit den gleichen Lösungsstrategien, mit den gleichen Denk- Fühl- und Verhaltensmustern.

Damit sich diese alten Denk-, Fühl- und Verhaltensmuster verändern, brauchen Menschen keine Krisen, auf die sie in ihrer Not nur nach dem Motto »noch mehr vom Alten«

---

eine neue Weise miteinander zu verbinden. Wer nicht viel weiß, kann daher nur innerhalb dieser engen Wissensgrenzen kreativ sein. Für menschliche Gemeinschaften heißt das, dass sie, um ihre Potenziale entfalten und sich weiterentwickeln zu können, auf Begegnungen und Austausch mit anderen Gemeinschaften angewiesen sind.

Solche Begegnungs- und Austauschprozesse sind allerdings oft schwierig, vor allem dann, wenn sich einzelne Gemeinschaften über längere Zeit voneinander getrennt und unabhängig voneinander entwickelt haben und sich dabei eigene, für die jeweilige Gemeinschaft spezifische Muster und Strukturen herausgebildet haben. So verfügt jede Familie, jede Sippe, jede menschliche Gemeinschaft über ein charakteristisches Spektrum an Signalen, Ausdrucksformen, Verhaltensweisen, Regeln und Vorschriften, Ein-

Neugier, Begeisterungsfähigkeit und Gestaltungslust verloren hat.

Mit Hilfe sogenannter bildgebender Verfahren *(funktionelle Magnetresonanztomographie)* lässt sich nachweisen, dass im Gehirn eines kreativen Menschen gleichzeitig mehr und entfernter voneinander liegende Netzwerke aktiviert werden, wenn er ein bestimmzts Bild betrachtet, einem gedanken folgt oder ein Problem löst. Hirntechnnisch können kreative Lösungen also nur dann gefunden werden, wenn es einem menschen gelingt, sehr viele, sehr verschiedene und bisher voneinander getrennt abgelegte Wissens- und Gedächtnisinhalte gleichzeitig wachzurufen und die für die Aktivierung dieser Inhalte erforderlichen regionalen Netzwerke auf eine neue Weise miteinander zu verknügpfen. Kreativ sein heißt also nicht in erster Linie, Neues zu erfinden, sondern das bereits vorhandene, aber bisher separat gespeicherte Wissen auf

---

regieren. Sie müssten vielmehr in eine Situation geraten, die sich nicht durch die Wiederherstellung eines alten Gleichgewichts lösen lässt. In dieser Situation befindet sich unsere gegenwärtige westliche Gesellschaft.

Transformation ist nicht schwer

Sie ist dadurch gekennzeichnet, dass die Menschen immer deutlicher spüren, dass ihr Bedürfnis nach Verbundenheit einerseits und nach Autonomie und Freiheit andererseits nicht dadurch gestillt werden kann, dass entweder mehr getan wird, um ihr Gefühl von Verbundenheit zu stärken oder dass versucht wird, ihre Möglichkeiten zu einer freien, selbstbestimmten Lebensführung zu verbessern. Sie brauchen beides, Verbundenheit und Freiheit. Und wenn sich beide Bedürfnisse nicht gleichzeitig stillen lassen, erleben sie sich als gefangen in einem Dilemma. Das ist nicht lebensbedrohlich, das löst noch nicht einmal eine Angstreaktion aus. Damit kann man sogar einfach so weitermachen wie bisher. Aber es macht eben keine Freude, es ist nicht erfüllend. Je stärker man mit anderen verbunden ist, desto mehr fühlt man sich dadurch in seiner Freiheit eingeschränkt. Und je freier und unabhängiger man sein Leben gestaltet, desto mehr verliert man die Verbundenheit mit den anderen.

Beides ist schmerzhaft, deshalb nennen wir das eine Gefühl ja auch Fernweh und das andere Heimweh. Das ist ein Dilemma. Und lösen lässt es sich eben nicht durch noch mehr Verbundenheit oder noch mehr Freiheit, sondern nur durch den Aufbau einer Beziehung zu anderen Menschen, in der man sich gleichermaßen verbunden wie auch frei fühlt. Aber dazu ist eine Transformation der bisher herrschenden Beziehungskultur nötig.

Und so, wie es Gehirne gibt, in denen die Kommunikation zwischen rechter und linker Hemisphäre und zwischen »oben« und »unten« nicht so recht gelingt, gibt es auch Gemeinschaften mit entsprechenden Blockaden, Abspaltungen, Zwangsstrukturen und eingefahrenen Bahnen. Solche Gemeinschaften mögen zwar noch für gewisse Zeit überleben. Lebendig, flexibel und vor allem kreativ und innovativ sind sie mit Sicherheit nicht.

Und auch in dieser Hinsicht geht es einer menschlichen Gemeinschaft nicht anders als einem Gehirn: Die Vielfalt neuer Ideen, die es hervorbringt, gibt wie ein Seismograph Auskunft über seinen inneren Zustand. Und der ist in allen Gemeinschaften, die nur noch damit beschäftigt sind, ihre bisher entwickelten Strukturen zu erhalten, offenbar genau so schlecht wie der eines Gehirns, dessen Besitzer im Lauf seines Lebens seine ursprüngliche, angeborene

Die einzige Beziehungsform, in der beides, also Verbundenheit und Freiheit, gleichzeitig erlebbar wird, ist die Liebe. Und so ist die Liebe die Lösung für dieses uralte Dilemma, das uns Menschen von Anbeginn begleitet. Um ein Liebender oder eine Liebende werden zu können, bedarf es einer eigenen Transformation. So schwer ist diese Transformation nicht, denn wir alle sind ja bereits mit der Erfahrung auf die Welt gekommen, dass es möglich ist, gleichzeitig auf's Engste mit einem anderen Menschen verbunden und doch jeden Tag ein Stück über sich hinausgewachsen zu sein. Wir müssten also eigentlich nur etwas wiederfinden, was wir im Taumel der ständigen Bewältigung von Problemen und Krisen verloren haben.

Als Liebende könnten wir dann auch endlich die in uns angelegten Potenziale entfalten. Bis wir dort angekommen sind, wird wohl noch einige Zeit vergehen. Aber es zeichnet

Möglicherweise ist es das Geheimnis solcher individualisierten Gemeinschaften, dass sie eine innere Organisation entwickeln, die der des menschlichen Gehirns in vieler Hinsicht sehr nahe kommt. Tatsächlich funktionieren alle entwicklungsfähigen, nicht durch Zwänge zusammengehaltenen Gemeinschaften so ähnlich wie zeitlebens lernfähige Gehirne: Sie lernen durch Versuch und Irrtum, sie entwickeln flache, stark vernetzte Strukturen, sammeln Erfahrungen und passen ihre innere Organisation immer wieder neu an sich ändernde Rahmenbedingungen an. Durch sich selbst optimierende kommunikative Vernetzungen auf und zwischen den verschiedenen Organisationsebenen gelingt es ihnen, nicht nur möglichst rasch und effizient, sondern auch möglichst umsichtig und nachhaltig auf neue Herausforderungen zu reagieren.

sich jetzt schon ab, dass immer mehr Menschen, vor allem junge Menschen, nach einem Weg in eine Gesellschaft suchen, in der sie sich gleichzeitig verbunden und frei fühlen können. Natürlich geraten beim Unterwegssein einige in eine Sackgasse, andere verlaufen sich auf Umwegen und Irrwegen. Aber es ist spannend, die gegenwärtigen Entwicklungen unter diesem Gesichtspunkt etwas näher zu betrachten.

Zum Beispiel, was Liebesbeziehungen angeht. Ein kürzlich veröffentlichter »Trend-Update« des Zukunftsinstituts Kelkheim gibt unter dem Titel »Polylove« einen Überblick über Veränderungen, die gegenwärtig stattfinden. Dort heißt es:

Der gesellschaftliche Wertewandel hat die individuelle Selbstentfaltung an erste Stelle gesetzt. Die sexuelle Liberalisierung ist die dazu passende Grundströmung. Aber

---

sie damals in ihren frühen Gemeinschaften machen konnten, waren eben andere als die, die wir heute in unseren Familien, Kommunen, Ausbildungsstätten, Betrieben und Altersheimen machen. Deshalb haben wir heute auch ein anderes Gehirn. Deshalb denken, fühlen und handeln wir heute anders als sie, deshalb entfalten wir heute unsere Potenziale anders. Aber heute gilt wie damals: Menschen können ihre Potenziale nur gemeinsam entfalten. Und zwar nicht wie in Ameisenstaaten-ähnlichen oder Herdenartigen oder Schwarm-ähnlichen Gebilden sondern in individualisierten Gemeinschaften, in denen es auf jedes einzelne Mitglied ankommt, wo jeder Einzelne die in ihm angelegten besonderen Fähigkeiten zur Entfaltung der Potenziale beitragen kann, die in diesen Gemeinschaften verborgen sind.

weil zu Sex, Liebe und Partnerschaft immer zwei (oder mehrere) gehören, muss das Sittenbild differenzierter ausfallen. Heute sehen wir eine neue Gegen- und Suchbewegung, katalysiert durch das Internet und diesmal getragen von intellektuellen Frauen, die mit der Gleichberechtigung auch das Recht auf erotische Selbstbestimmung einfordern.

Der Trend-Update zeigt außerdem: Die vertraute Zweierbeziehung zwischen Frau und Mann bleibt nach wie vor das zentrale Modell. Doch es zeigt sich vielfältiger und wird ergänzt. Sowohl asexuelle Partnerschaften als auch polyamore Beziehungen zwischen mehr als zwei Partnern werden zunehmend normal und anerkannt. Statt hemmungslosem Partnerwechsel, wie er manche Gegenmodelle der 60er-Jahre kennzeichnete, geht es dabei jedoch um Dauerhaftigkeit, um Freiwilligkeit und Transparenz. Dabei

den Prozess der Evolution des Lebendigen, der bis hierher auf unserem Planeten stattgefunden und uns hervorgebracht hat.

Die wichtigste Voraussetzung, die unsere Vorfahren als Hilfestellungen auf diesem Weg für uns bereitgestellt haben, sind die von ihnen gemeinsam über Generationen hinweg geschaffenen und weitergegebenen Kulturleistungen. Die biologischen Voraussetzungen, also die genetischen Anlagen, die es ermöglichen, diese Kulturleistungen hervorzubringen, haben unsere Vorfahren nicht selbst geschaffen. Die haben sie von ihren damals noch ziemlich tierischen Verfahren übernommen. Dazu zählen vor allem jene genetischen Anlagen, die die Herausbildung eines enorm plastischen, zeitlebens umbaufähigen Gehirns ermöglichen. So ein Gehirn hatten die ersten Vertreter unserer Spezies damals auch schon; aber die Erfahrungen, die

entstehen neue Beziehungsformen wie freundschaftliche Vertrautheit mit gelegentlicher Intimität; aber auch Varianten des »*casual sex*«, also von Erotik ohne weitere gegenseitige Verpflichtung.

Auch traditionelle Familienstrukturen lösen sich auf. Viele Frauen und Männer leiden darunter, dass die Individualisierung und Globalisierung von Arbeit und Leben das Entstehen und Gelingen von Familien erschweren. Aber die Wandlung und Erweiterung traditioneller Beziehungsformen hat nicht nur Erschwernisse zur Folge, sie bietet auch neue Möglichkeiten für ein Leben mit Kindern. Diese neuen, erweiterten Familienformen erscheinen wie eine moderne Neubelebung von Großfamilien, die jahrtausendelang üblich waren. Der moderne Name dafür ist »Patchworkfamilie« oder »Netzwerkfamilie«. Sie entstehen meist dort, wo Frau oder Mann bereits Kinder haben und begrei-

---

Werschätzung, auf das Gefühl und das Wissen, aufeinander angewiesen, voneinander abhängig und füreinander verantwortlich sein. Man könnte es auch das innere Bild einer weltweiten, all die Vielfalt der verschiedenen Kulturen und Gemeinschaften durchdringenden Liebe nennen.

Individualisierte Gemeinschaften

Erstmals im Verlauf der Menschheitsgeschichte gewinnt eine solche gemeinsame Vision gegenwärtig schemenhafte Konturen. Erstmals wird uns bewusst, dass wir alle im gleichen Boot sitzen und dass wir in einer Welt begrenzter Ressourcen nicht ständig mehr Energie und Rohstoffe verbrauchen können, dass unser fossiles Zeitalter zu Ende geht und in Zukunft nur noch eines wachsen kann: die Intensität unserer Beziehungen, das Gefühl von Verantwortung, das Ausmaß an Selbsterkenntnis und das Verständnis unserer eigenen Eingebundenheit in

fen, dass ihr persönliches Liebesglück nicht auf deren Kosten gelebt werden kann. Im Zuge der Individualisierung und Befreiung von traditionellen Rollenbildern gehen Frauen wie Männer mehr solche Beziehungen ein, die ihnen tatsächlich ein gegenseitiges seelisches und erotisches Glück ermöglichen. Während Ehen noch bis in die 80er-Jahre des letzten Jahrhunderts meistens lebenslang hielten, entstehen heute immer öfter sogenannte »Lebensabschnittspartnerschaften«. Und wenn sowohl erotische als auch seelische Freude aneinander verloren gehen, trennt man sich und sucht einen anderen Partner. Dann kann jeder neue Partner neue Seiten in sich selbst erwecken und zum Klingen bringen. Immer mehr Frauen und Männer versuchen bei der Auflösung ihrer Partnerschaft auch dann noch als Mutter und Vater zusammenzuwirken, wenn sie keine Liebespartner mehr sind. Und wenn sie eine neue Liebesbeziehung eingehen, prüfen sie meist sehr genau, ob der neue Partner

schöpft sich in dem Versuch zu expandieren, also die Lösung der selbst erzeugten Probleme auf eine immer größer werdende Gemeinschaft zu verteilen und die dort noch vorhandenen unterschiedlichen Ressourcen zur Lösung oder Abschwächung ebendieser Probleme zu nutzen.

Die dritte Strategie ist die schwierigste, allerdings die einzige, die dauerhaft Weiterentwicklung ermöglicht. Sie ist aber auch die – scheinbar – banalste: Sie ist der Versuch, eine gemeinsame, für alle Menschen und Gemeinschaften unterschiedlichster Herkunft und Entwicklungsstandards gleichermaßen gültige und attraktive Vision zu schaffen, ein sich global verbreitendes und im Gehirn aller Menschen verankertes inneres Bild zu erzeugen. Ein Bild, das zum Ausdruck bringt, worauf es im Leben, im Zusammenleben und bei der Gestaltung der Beziehungen zur äußeren Welt wirklich ankommt: auf Vertrauen, wechselseitige Anerkennung und

auch mit ihren Kindern aus der früheren Beziehung gut klarkommt. Auf diese Weise bekommen die Kinder noch einen weiteren »Vater« beziehungsweise eine weitere »Mutter«. So entstehen neue, moderne Großfamilien, in denen es nicht leichter oder schöner zugehen muss als in der Kleinfamilie, aber auch nicht weniger sicher und geborgen, und wahrscheinlich spannender und abwechslungsreicher.

Viele Eltern sind sich der Begrenztheit bewusst, den ein allzu enger familiärer Erfahrungsraum für ihre Kinder bietet. »Um Kinder gut großzuziehen, braucht man ein ganzes Dorf«, heißt eine alte Weisheit aus Afrika, die nun auch immer stärker von den für Kindergärten und Schulen verantwortlichen Pädagogen verstanden wird. »*Community education*« ist ein vielversprechender Ansatz, der in immer mehr Dörfern und Städten eingeführt wird. Zum Beispiel im Rahmen des innovativen Bildungsmodells »Neue Lern-

---

zialen Strukturen aufgrund eines fortschreitenden Verlusts zusammenhaltender, ihrer inneren Organisation und Ordnung lenkender, Orientierung bietender Bilder. Wenn dieser Zustand erreicht ist, kann die betreffende Gemeinschaft dem drohenden Kollaps nur mit drei unterschiedlichen Strategien begegnen:

Sie kann erstens versuchen, ein ganz bestimmtes Problem aus der Vielzahl der tatsächlich vorhandenen Probleme herauszugreifen und in den Mittelpunkt aller gemeinsamen Anstrengungen der Mitglieder dieser Gemeinschaft zu stellen (Ablenkung durch Beschwörung eines neuen Feindbildes oder einer neuen Vision zum Beispiel eines Fluges zum Mars). So wird eine neue Orientierung in Form einer gemeinsamen Vorstellung zur Lösung genau dieses Problems geschaffen. Allerdings lässt sich die drohende Auflösung der Gesellschaft mit dieser Strategie allenfalls eine Zeit lang aufhalten, aber nicht dauerhaft verhindern.

Das Gleiche gilt auch für die zweite Strategie. Sie er-

tigter und auch nicht vorausgesehener Veränderungen der bisherigen Lebenswelt. Diese treten nun als neue Probleme zutage und müssen ebenfalls gelöst werden. Zu diesem Zweck werden neue Vorstellungen entwickelt, neue Ziele definiert und neue Visionen entworfen, die fortan ihrerseits als neue innere Orientierungen die weitere Entwicklung der betreffenden Gemeinschaft und der von ihr zum Erreichen dieser Ziele eingesetzten Mittel und Technologien bestimmen. Abermals kommt es nun zu erneuten, zunächst nicht bedachten oder nicht vorausgesehenen Veränderungen der bisherigen Lebenswelt und damit zu neuartigen Problemen, die ihrerseits gelöst werden müssen, und so weiter, bis die betreffende Gemeinscahft schließlich irgendwann nur noch adamit befasst ist, all die vielen Probleme zu beheben, die sie selbst erzeugt hat. Je zahlreicher und verschiedenartiger diese Probleme werden, desto stärker wächst auch die Gefahr der Auflösung ihrer so-

---

kultur in Kommunen« in Thüringen (www.nelecom.de): »Macht die Kindergärten und Schulen auf für all das, was es in den jeweiligen Kommunen für Kinder und Jugendliche zu entdecken und zu gestalten gibt.« So lautet das Motto dieser Initiative, bei der es darum geht, Kinder und Jugendliche einzuladen, zu ermutigen und zu inspirieren, sich in eigener Verantwortung um etwas zu kümmern, was für die ganze Kommune von Bedeutung ist.

Auch in der Wirtschaft beginnt man zu begreifen, dass sich mit noch mehr Druck und noch mehr Wettbewerb keine Effizienzsteigerungen mehr erzielen lassen. Die Zeit der Einzelkämpfer ist vorbei. Teamwork ist die einzige Lösung, die künftig noch effektivere Leistungen und vor allem innovative und kreative Lösungen für die Herausforderungen einer globalisierten Wirtschaft ermöglicht. Immer mehr Unternehmen machen sich deshalb auf den Weg und suchen nach neuen Formen der Zusammenarbeit und der Entfaltung der Potenziale ihrer Mitarbeiter (www.kulturwandel.org).

Sogar in Altenheimen hat man bemerkt, dass die Steigerung der Effizienz der Pflegemaßnahmen und die Reglementierung der Arbeit der Pflegekräfte nur dazu führt, dass die Senioren immer unselbständiger werden und der Pflege- und Betreuungsbedarf ständig wächst. So sind viele Träger von »Seniorenheimen« dabei, diese alten Strukturen wieder aufzulösen und die Seniorinnen und Senioren in Wohn- und Hausgemeinschaften inmitten der Städte zu betreuen. Dort haben die Mitglieder dieser Gemeinschaften Gelegenheit, gemeinsam ihre Mahlzeiten zuzubereiten und sich gemeinsam im Rahmen ihrer Möglichkeiten um all das zu kümmern, was ihnen am Herzen liegt. In vielen dieser Einrichtungen werden Kinder betreut, wird gegenseitig vorgelesen, gemeinsam gesungen, gelacht, gebastelt und voneinander gelernt.

---

bestimmte Bereiche. Aber die Folgen des unvermeidlichen Erkenntniszuwachses und des damit einhergehenden technologischen Fortschritts sind immer und überall gleich: Das neu hinzugekommene Wissen und die neu erlangten Fähigkeiten passen über kurz oder lang nicht mehr zu den alten tradierten Weltbildern und den daraus abgeleiteten Orientierungen. Alte Ideen müssen erweitert und Ziele müssen neu definiert werden. Wenn ein Orientierung bietendes Ziel einigermaßen klar umschrieben ist und der betreffenden Gemeinschaft als deutliches inneres Bild vor Augen steht, kann der technische Fortschritt auch dazu führen, dass dieses Ziel über kurz oder lang wirklich erreicht wird.

Dann freilich hat die betreffende Gemeinschaft ihre bisherige gemeinsame Orientierung verloren. Gleichzeitig verursacht aber der Einsatz neuer, effizienter Technologien zwangsläufig eine Reihe weiterer, zunächst nicht beabsich-

sächlich anrichten, auf welche konkrete Weise und in welchem Ausmaß wir unsere bisherige Lebenswelt verändern, hängt von dem jeweiligen Wissen, den Fähigkeiten und Fertigkeiten ab, über die wir verfügen und die wir zum Erreichen dieser Ziele einsetzen. Die Orientierung bietenden Vorstellungen von Familie, Sippen oder Kulturgemeinschaften, bleiben oft über Generationen hinweg so, wie sie einmal waren. Die einer Gemeinschaft zur Verfügung stehenden Kenntnisse, ihre Fähigkeiten und Fertigkeiten wachsen jedoch ständig weiter. Das Wissen vermehrt sich, die Fähigkeiten werden erweitert, die Fertigkeiten vervollkommnet. Dieses Wachstum vollzieht sich in unterschiedlichen Gesellschaften in Abhängigkeit von der jeweiligen Ausgangssituation – also dem bis dahin erreichten Wissensstand und den bis dahin bereits entwickelten technischen Möglichkeiten – unterschiedlich rasch und erstreckt sich in Abhängigkeit von der jeweiligen Zielorientierung auf ganz

---

Neue Gemeinschaftsformen entstehen aber vor allem zwischen all den vielen jungen Menschen, die inzwischen selbstverständlich »wir« zu allen anderen Menschen sagen, mit denen sie sich verbunden fühlen, die sich gegenseitig unterstützen und keine Lust mehr darauf haben, Besitztümer zu verteidigen. Sie finden sich in den Foren des »World Wide Web« und in den Kneipen und Cafés um die Ecke. Sie engagieren sich für den Erhalt der Vielfalt kultureller Lebensformen, für den Artenschutz und gegen die Absurditäten unserer gegenwärtigen Verschwendungsgesellschaft. Sie sind auf vielfache Weise miteinander vernetzt und können, wenn sie wollen, in kürzester Zeit jede neuen Informationen über den ganzen Erdball verbreiten. Sie lassen sich nicht vereinnahmen und sie lassen sich auch nicht kaufen. Manchmal bezeichnet man diese Gemeinschaften als die Bewegung der »Kulturell-Kreativen«. Der gemeinsame Geist, der sie zusammenhält ist nicht besonders stark,

diese teilweise sehr unterschiedlichen Vorstellungen über Generationen hinweg als gemeinsame, familien-, gruppen-, schichten- und kulturspezifische innere Orientierungen erfolgreich zur Organisation ihres Zusammenlebens und zur Gestaltung ihrer jeweiligen Lebenswelten genutzt. Getragen und geleitet von diesen Vorstellungen wurden zum Teil sehr unterschiedliche Lebensbedingungen geschaffen, die nun ihrerseits wieder zur Stabilisierung und Aufrechterhaltung der ihnen zugrunde liegenden Vorstellungen, auch der jeweiligen Welt-, Feind und Menschenbilder beitragen. Und wenn sie nicht gestorben sind, dann leben sie noch heute... Glücklicherweise enden so nur die Märchen. Im tatsächlichen Leben bestimmen die Vorstellungen, Ziele und Orientierungen, mit denen wir uns auf den Weg machen, ja lediglich die Richtung, die wir einschlagen. Was wir bei dem Versuch, in eine bestimmte, von irgendwelchen Vorstellungen geleitete Richtung voranzuschreiten, tat-

aber dafür schließt er auch niemanden aus, jeder kann sich mit ihnen vernetzen, überall auf unserem Planeten. Sie sind gleichzeitig verbunden und frei. Und sie sind weiter auf der Suche. Ihnen gehört die Zukunft.

Gerald Hüther

Die Freiheit ist ein Kind der Liebe

Das Buch

Eine Naturgeschichte unserer menschlichen Sehnsüchte: der Neurobiologe Gerald Hüther und der praktische Philosoph Maik Hosang zeigen je aus ihrer Sicht, wie die Sehnsucht nach Unabhängigkeit und Freiheit und der Wunsch nach Zugehörigkeit und Verbundenheit erfüllt werden kann. Neue Erkenntnisse schärfen den Blick auf den Ursprung unserer Sehnsüchte nach Liebe. Ein Buch, das von zwei Seiten und aus zwei Perspektiven zu lesen ist, die sich in der Mitte begegnen.

Die Autoren

Gerald Hüther, Prof. Dr. nat., Dr. med. habil., Leiter der Zentralstelle für Neurobiologische Präventionsforschung der Psychiatrischen Klinik der Universität Göttingen und Präsident der Sinn-Stiftung. www.gerald-huether.de.

Maik Hosang, Dr. phil., habilitierter Sozialökologe, Mitgründer des Modellprojekts LebensGutPommritz, wo er auch lebt. Zahlreiche Veröffentlichungen.

Gerald Hüther

Die Freiheit ist ein Kind der Liebe

Eine Naturgeschichte unserer
menschlichsten Sehnsüchte

HERDER

FREIBURG · BASEL · WIEN

HERDER spektrum Band 6871

MIX
Papier aus verantwor-
tungsvollen Quellen
FSC® C083411
www.fsc.org

© KREUZ VERLAG in der Verlag Herder GmbH,
Freiburg im Breisgau 2012

© Verlag Herder GmbH, Freiburg im Breisgau 2016
Alle Rechte vorbehalten
www.herder.de

Umschlaggestaltung: Designbüro Gestaltungssaal
Umschlagmotiv: © shutterstock

Satz: de·te·pe, Aalen
Herstellung: CPI books GmbH, Leck

Printed in Germany

ISBN 978-3-451-06871-3

Inhalt

Falls auch Sie zu jenen Lesern zählen, die erst einmal hinten, auf den letzten Seiten eines Buches, herauszufinden versuchen, worauf die Geschichte darin hinausläuft, dann werden Sie irritiert sein. Denn auf den letzten Seiten dieses Buches finden Sie den gleichen Anfang, den Sie gerade lesen; egal, wie herum Sie es lesen, Sie finden zuerst dieses Vorwort. Denn dieses Buch beginnt von zwei Seiten; eigentlich sind es zwei Bücher, die in der Mitte zusammen führen: weil sie zwei Aspekte behandeln, die als untrennbare Komponenten oder Bestandteile unseres Seins miteinander verbunden sind – auch wenn sie bisher in den meisten Betrachtungen immer wieder voneinander getrennt worden sind.

Deshalb haben wir uns für diese ungewöhnliche Form der Darstellung entschieden. Aus zwei verschiedenen Perspektiven, einer geisteswissenschaftlichen und einer naturwissenschaftlichen, suchen wir hier nach dem Zusammenhang zweier Pole unseres Seins, die unsere Existenz und unser Selbstverständnis als Menschen bestimmen: Nämlich einerseits unsere Fähigkeit, uns als Liebende hinzugeben und in Verbundenheit mit anderen zu leben – und andererseits unser Streben nach Selbstbestimmung und Unabhängigkeit, nach einem Leben, das jede und jeder von uns in Freiheit selbst gestalten kann.

Woher kommt die Fähigkeit zu lieben? Woraus erwächst diese tiefe Sehnsucht nach Autonomie und Freiheit? Und wie lässt sich beides miteinander vereinbaren? Ist die Sehnsucht nach beidem der menschlichen Natur mitgegeben? Oder hat sie sich im Laufe der Ideengeschichte von Generation zu Generation so sehr mit unseren Vorstellungen verbunden, dass sie allmählich zu einem festen Bestandteil unseres eigenen Selbstverständnisses geworden ist?

Das sind die zentralen Fragen, denen wir in diesem Buch von zwei Seiten aus nachgehen. In der Mitte begegnen sich die Überlegungen, und das ist kein Zufall: das Zusammenfinden der beiden Sehnsüchte nach Verbundenheit und Freiheit ist nicht das Ende, sondern eher der zentrale Ort, von dem aus alles Weitere ausgeht.

Welche der beiden Seiten für Sie nun vorne und welche hinten ist und ob Sie also von hinten oder von vorn zu lesen anfangen, liegt ganz bei Ihnen. Ankommen werden Sie dort, wo sich jeder Anfang mit seinem Ende verbindet.

Wir alle haben eine gewisse Vorstellung davon, was wirkliche Liebe ist, und wir können auch beschreiben, was wir unter Freiheit verstehen. Allerdings wird das nicht zu allen Zeiten und in allen Kulturkreisen das Gleiche gewesen sein. Unsere Vorfahren, die in unserer Gegend vor 500 oder gar vor 1000 Jahren lebten, haben sich vermutlich unter Freiheit und Liebe etwas anderes vorgestellt als wir heute.

Und die Beduinen, die gegenwärtig noch in der Sahelzone umherziehen, werden unter Freiheit und Liebe etwas anderes verstehen als die Inuit in Grönland oder die Aborigines in Australien oder die Mitglieder der FDP in Deutschland. Freiheit und Liebe sind also Begriffe, die Menschen benutzen, um etwas zu beschreiben, was sich nicht so leicht fassen, geschweige denn mit einem Anspruch auf Allgemeingültigkeit objektivieren lässt. Eine Antwort auf die Frage, was denn die Liebe und die Freiheit ausmachen, wie beide zu definieren sind, was sie für unsere Menschsein und unser Selbstverständnis bedeuten, erwartet man deshalb vielleicht bestenfalls von Anthropologen, von Kulturwissenschaftlern oder von Philosophen, aber nicht von Naturwissenschaftlern. Die Physik und die Chemie, die Mathematik oder gar die Geologie sind dafür nicht zuständig. Und selbst von den Vertretern derjenigen Disziplin, die sich mit der Natur des Lebendigen befasst, von den Biologen, wird gegenwärtig niemand ernsthaft erwarten, dass sie uns erklären können, was unter Liebe und Freiheit zu verstehen sei.

Etwas eigenartig ist das schon, denn irgendwie muss sich ja auch naturwissenschaftlich erklären lassen, wie es dazu gekommen ist, dass auf diesem Planeten Lebewesen und schließlich sogar die Vertreter unsere Spezies entstanden sind, für die das, was sie Liebe und Freiheit nennen, so wichtig war und ist, dass all ihre Märchen und Mythen, ihre

Erzählungen und Darstellungen, ihre Sehnsüchte und Träume überall auf der Welt von der Suche nach dem einen oder dem anderen handeln. Nicht wenige unserer Artgenossen waren sogar bereit, ihr Leben aus Liebe hinzugeben oder für die Freiheit zu sterben.

Woher kommt also diese große Sehnsucht nach dem, was wir Liebe und Freiheit nennen? Wie ist sie entstanden und weshalb?

Das älteste überlieferte schriftliche Dokument der Suche des Menschen nach Freiheit und Liebe ist das Gilgamesch-Epos, vor etwa 6000 Jahren von unseren Vorfahren in Mesopotamien auf feuchte Tonplatten geritzt und in der Sonne getrocknet.

In der Zeit davor, als die Keilschrift noch nicht erfunden war, sind diese Geschichten mündlich überliefert worden. Niemand weiß, seit wann. Vermutlich schon seit es Menschen gibt, die einander mitteilen konnten, was ihnen wichtig war. Aber es weiß auch niemand, weshalb Menschen überhaupt damit begonnen haben, über die Freiheit und die Liebe nachzudenken und einander davon zu erzählen.

Irgendetwas muss es in diesen Menschen, zumindest in ihrem Gehirn, gegeben haben, was sie dazu gebracht hat. Wenn Menschen aber etwas als so bedeutsam empfinden, dass sie darüber nachdenken und sich mit anderen darüber austauschen, muss es dafür auch einen Grund geben. Wer Hunger hat, stellt sich vor und redet darüber, wie es wäre, wenn es genügend zu Essen gäbe. Wer Durst hat, denkt darüber nach, wo er etwas zu trinken findet. Was aber könnte Menschen dazu veranlasst haben, sich Gedanken über die Liebe und die Freiheit zu machen? Verbirgt sich dahinter auch irgendein ungestilltes Bedürfnis, genau so wie der Hunger oder der Durst?

Bedürfnisse haben, wie die Biologen längst bis ins Detail erklären können, immer eine physiologische, natürliche Ur-

sache. Und die Sehnsucht des Menschen nach Liebe und nach Freiheit? Wieso sollte dieses tiefe Bedürfnis, das ja bisweilen sogar stärker werden kann als der Hunger und der Durst, nun auf einmal keine natürliche, physiologische oder zumindest neurobiologische Ursache haben? Das herauszufinden, fiele dann allerdings durchaus in die Zuständigkeit der Biologen. Es wäre sogar ihre vornehmste Aufgabe, jedenfalls dann, wenn sie ihre Forschungen tatsächlich mit dem Ziel betreiben, herauszufinden, was das Lebendige, was die lebende gegenüber der unbelebten Natur auszeichnet und nach welchen Gesetzmäßigkeiten sich das Leben entwickelt und schließlich sogar uns Menschen mit unseren natürlichen Bedürfnissen hervorgebracht hat. Möglicherweise gehören dazu eben nicht nur all jene, die uns nach Essen, Trinken, nach dem nackten Überleben und sexueller Reproduktion suchen lassen, sondern auch diejenigen, die uns nach dem suchen lassen, was wir Liebe und Freiheit nennen. Es muss daher nicht nur möglich, sondern es sollte die Aufgabe der Biologen sein, die Frage, woher unsere uralte Sehnsucht nach Liebe und Freiheit kommt, mit einem naturwissenschaftlichen, einem entwicklungsbiologischen Ansatz zu klären. Genau das soll in diesem Teil unseres Buches versucht werden.

Mit den Denkansätzen und Untersuchungsstrategien der alten Biologie des vergangenen Jahrhunderts wird das freilich nicht gelingen. Deshalb suchen wir zunächst nach den Grundlagen eines neuen Theoriegebäudes das sich glücklicherweise schon seit einigen Jahren innerhalb der Biologie herauszuformen beginnt und das nun erstmals genügend Raum bietet, um auch solche Fragen wie die, woher die Sehnsucht des Menschen nach Liebe und Freiheit kommt, aus einer naturwissenschaftlichen Perspektive zu beantworten. Im Mittelpunkt dieser neuen Vorstellungen über die Natur des Lebendigen stehen zwei Begriffe, die in der alten Biologie des vergangenen Jahrhunderts bisher weitgehend

unbeachtet geblieben sind: die Intentionalität als entscheidende Triebfeder und die Selbstorganisation als grundlegendes Prinzip der Entwicklung aller Lebensformen.

Wenn jedes Lebewesen nur lebendig ist und entwicklungsfähig bleibt, solange es aus sich selbst heraus etwas entwickelt, was wir bei uns selbst als ein Bedürfnis oder ein Motiv bezeichnen und was nichts anderes heißt als dass es etwas (leben, wachsen, sich vermehren) will, dann sollte sich auch erkennen und herausarbeiten lassen, woher dieses Bedürfnis kommt, wie es sich herausbildet und auf welche Weise und mit Hilfe welcher Strategien es gestillt werden kann.

Wenn Lebewesen über die Fähigkeit verfügen, sich selbst, d. h. ihre innere Ordnung und damit ihr bisher im Inneren entwickeltes Beziehungsmuster aus sich selbst heraus so zu verändern, dass es ihnen möglich wird, ein in ihnen generiertes Bedürfnis zu stillen, sollten wir in der Lage sein zu erkennen, auf welche Weise das geschieht und welche Auswirkungen das hat, nicht nur für das betreffende Lebewesen, sondern auch für alle anderen, mit denen es einen bestimmten Lebensraum teilt und mit denen es direkt oder indirekt in einer wechselseitigen Abhängigkeitsbeziehung steht.

Wenn alles was lebt, etwas ist, das leben will, inmitten von anderem Leben, das ebenfalls leben will, so bedeutet das, dass es unmöglich ist, als einzelnes Lebewesen irgendein Bedürfnis zu stillen, ohne die Bedürfnislage anderer Lebewesen zu verändern. Alles, was lebt, ist demzufolge voneinander abhängig und aufeinander angewiesen. Eine individuelle Freiheit, die so verstanden wird, dass ein Lebewesen – auch ein einzelnes menschliches Wesen – tun und lassen kann, was es will, ohne sich dadurch Folgen einzuhandeln, die es nicht will, kann es also nicht geben.

Alle Lebewesen sind somit immer auf irgendeine Weise miteinander verbunden, mehr oder weniger eng und mehr oder weniger spürbar. Allerdings nicht dadurch, dass es sie gibt, sondern dadurch, dass sie lebendig sind, Bedürfnisse entwickeln und zu stillen versuchen und dabei andere Lebewesen beeinflussen und zu bestimmten Reaktionen zwingen. Gleichzeitig ist aber jedes einzelne Lebewesen auch ein von anderen Lebewesen getrenntes, autonomes Individuum. Wenn Freiheit so verstanden wird, dass jedes Individuum autonome Entscheidungen treffen und autonom handeln kann – auch wenn es die Folgen seines Handelns anschließend selbst wieder zu spüren bekommt und zu meistern hat – ist diese individuelle Freiheit um so größer, je geringer die Rückwirkungen sind, die durch diese freien Entscheidungen und deren Umsetzung entstehen. Wie und unter welchen Umständen diese individuelle Freiheit lebbar ist, werden wir in diesem Teil unseres Buches ebenfalls näher betrachten.

Aus einer entwicklungsbiologischen Perspektive wollen wir untersuchen, welche Lösungen Lebewesen gefunden haben, um trotz ihrer unvermeidlichen Eingebundenheit ihre Autonomie zu bewahren und die aus dieser Autonomie erwachsende Freiheit in einem selbstgesteuerten Entwicklungsprozess zur Entfaltung bringen. Worauf dieser Entwicklungsprozess sowohl auf phylogenetischer wie auch auf ontogenetischer Ebene schließlich hinausläuft und was er hervorbringt, soll jetzt noch nicht verraten werden.

Aber Sie werden es wohl schon erahnen …

2. Die Naturwissenschaftler und die Liebe

Das Denken, Fühlen und Handeln von Menschen wird von den Verhältnissen geprägt, unter denen sie aufgewachsen sind und ihr bisheriges Leben verbracht haben. Eine Lebenswelt wie unsere, die ganz wesentlich vom Wettbewerb bestimmt wird, hinterlässt also vielfältige Spuren in den Einstellungen, Haltungen und Erklärungsversuchen der betreffenden, wettbewerbs-orientierten Menschen. Das gilt auch für Wissenschaftler, auch für all jene, die sich scheinbar wertfrei und objektiv mit der Erforschung der biologischen Grundlagen unseres (Zusammen-)Lebens befassen. Von ihnen ist die Frage nach den Ursachen der Konkurrenz und der Bedeutung des Wettbewerbs in der Vergangenheit besonders häufig gestellt und intensiv erforscht worden. Dabei wurde lange Zeit übersehen, dass es neben der dissipativen, die Spezialisierung und Individualisierung vorantreibenden Kraft der Konkurrenz noch eine zweite, zusammenführende, zusammenhaltende, integrative Kraft geben muss, und dass es langfristig nur dann zu stabilen Entwicklungen kommen kann, wenn die auseinandertreibende Kraft der Konkurrenz durch diese andere zusammenführende Kraft ausbalanciert wird. Über diese andere, vereinigende und kreative Entwicklungen ermöglichende Kraft wissen wir bisher nur sehr wenig.

Die Befähigung des Menschen zur Liebe ist nicht vom Himmel gefallen, sondern hat – wie alle anderen Begabungen, Leistungen und Fertigkeiten – eine Geschichte. Die Liebe ist damit Ausdruck einer evolutionären Entwicklung und muss mit naturwissenschaftlichen Verfahren ebenso erforschbar sein, wie der Hass, das Bewusstsein oder die Trauer. Dennoch gab es bis in die achtziger Jahre des vergangenen Jahrhunderts kaum ernsthafte Versuche von Naturwissenschaftlern, dem Phänomen der Liebe mit objekti-

ven Verfahren auf die Spur zu kommen. Ein Grund dafür mag die prinzipielle Schwierigkeit sein, das, was wir als Liebe bezeichnen, wissenschaftlich fassbar, also objektivierbar zu machen.

Bis heute gibt es keine Definition der Liebe, bestenfalls ließe sich beschreiben, was Liebe nicht ist: nicht bloß Zärtlichkeit, nicht bloß Erotik, nicht bloß Fürsorge, nicht einfach nur Bindung, auch nicht nur Sympathie. Was sich allerdings durchaus beobachten, beschreiben und damit auch untersuchen lässt, sind die Auswirkungen von Liebe: die von ihr ausgelösten Verwicklungen und Entwicklungen menschlicher Beziehungen, die vielfältigen vegetativen, neuroendokrinen, kardiovaskulären und sonstigen Veränderungen im Körper eines Menschen, der liebt und natürlich auch die mit funktioneller Computertomographie nachweisbaren Veränderungen der Durchblutung, des Sauerstoffverbrauchs oder der Glukose-Utilisation, also der neuronalen Aktivität in einzelnen Regionen des Gehirns eines Menschen, der Liebe empfindet. Aber bei all diesen messbaren Veränderungen einzelner Parameter handelt es sich letztlich nur um Begleiterscheinungen, also bestenfalls um physiologische, psychologische oder neurobiologische Korrelate dieses Zustandes, Gefühls oder dieser inneren Einstellung, die wir Liebe nennen.

Es ist aber nicht nur die schwierige wissenschaftliche Fassbarkeit oder vielleicht auch eine durchaus berechtigte Scheu vor der Entzauberung der Liebe, die die wissenschaftliche Untersuchung dieses Phänomens so erschwert hat. Es ist auch berechtigte Vorsicht. Gerade bei einem so komplexen Gegenstand wie der Liebe ist die Gefahr besonders groß, dass das, was mit objektiven naturwissenschaftlichen Verfahren untersucht wird, gar nicht das beschreibt und abbildet, was Liebe wirklich ist. Weil empirische Forschung eben nur die Oberfläche eines solch komplexen

Phänomens, also die Begleiterscheinungen und Korrelate von Liebe, sichtbar machen kann, läuft eine solche Forschung ständig Gefahr, in ihren Befunden etwas zu sehen, was in Wirklichkeit gar nicht das ist, wofür es gehalten wird.

Vielleicht ist die Liebe in Wirklichkeit eine Suche, vielleicht sind Liebende einander Suchende, die etwas von der Suche des Anderen, von seinem Ringen nach Ganzheit erahnen. Vielleicht ist Liebe eine Suche nach der Offenheit für das in uns, was größer ist als wir selbst, von dem wir abgeschnitten sind durch unser Begehren, unsere Angst und unsere von anderen übernommenen Vorstellungen und Wünsche. Vielleicht ist Liebe eine Suche nach sich selbst, nach einer in uns selbst verborgenen Kraft, oder nach dem Anderen und einer in ihm oder ihr verborgenen Kraft. Wenn Liebe als eine solche Suche verstanden wird – so verschwommen unsere Vorstellung von dieser Suche auch sein mag – geht es in der Liebe nicht um die Befriedigung definierter, objektivierbarer und messbarer Bedürfnisse. Liebe wäre dann vielmehr ein Prozess des Werdens, ein Prozess der Entfaltung und der Entwicklung von Menschen in der Wechselwirkung ihrer Beziehung. Vielleicht ist Liebe also so etwas wie ein Motor für die Koevolution des Menschen, ein Prozess in dem sich Menschen wechselseitig die Erfüllung und Verwirklichung ihrer tiefsten Sehnsüchte in Aussicht stellen.

Aus dieser Perspektive betrachtet kann jeder Versuch, sich dem Phänomen der Liebe mit empirischen, wissenschaftlich-objektiven Forschungen zu nähern, nur in einer Bagatellisierung enden. Schauen wir uns an, wie weit die Biologen es dabei gebracht haben.

Im Vergleich zur Mathematik, Astronomie oder Physik ist die Biologie noch eine recht »junge« Wissenschaftsdisziplin. Aber nach Antworten auf die Frage, wer wir sind und wie wir so geworden sind, wie wir sind, was es heißt lebendig zu sein und was wir von anderen Lebensformen und deren Lösungen, ihr Leben zu meistern, lernen können, haben Menschen wohl schon gesucht, seit es unsere Spezies gibt. So betrachtet, ist die Biologie diejenige Wissenschaftsdisziplin, die von uns Menschen auf unserer Suche nach Erkenntnis seit jeher betrieben, dabei ständig weiterentwickelt und zur Grundlage unseres jeweiligen Selbstverständnisses und unserer jeweiligen Lebensgestaltung gemacht wurde. Wie hätten unsere Vorfahren als Jäger und Sammler überleben können, ohne eine genaue Kenntnis der Verhaltensweisen von Tieren und der Eigenschaften von Pflanzen? Wie hätten sie jemals Ackerbauern und Viehzüchter werden können ohne das sorgfältige Studium der Lebensgewohnheiten, der Bedürfnisse, der Reproduktion und der gezielten Zucht ihrer Nutzpflanzen und Nutztiere?

Zu allen Zeiten und in allen Kulturkreisen bestimmt das in einer Gemeinschaft vorhandene Wissen über biologische Zusammenhänge das Denken, Fühlen und Handeln, die Art des Zusammenlebens der Menschen, ihre Beziehung zu Tieren und Pflanzen und nicht zuletzt ihr eigenes Selbstbild und Selbstverständnis. Gemeinschaften, die sich über viele Generationen hinweg mit Ackerbau und Tierzucht befassten, gewannen andere Erkenntnisse und entwickelten andere Vorstellungen als solche, die als Jäger und Sammler unterwegs waren. Und von Gemeinschaften, die sich mit der Haltung und Zucht von solchen Tieren befassten, bei denen es auf Leistungen ankam, die primär vom weiblichen Geschlecht erbracht wurden, wurden komplexere Kennt-

nisse und Vorstellungen über weibliche Eigenschaften erworben als beispielsweise von Pferdezüchtern, die sich auf die Zucht von leistungsfähigen Hengsten spezialisierten.

Zu allen Zeiten menschlicher Entwicklung gab es also ein für die eigene Lebensgestaltung und das eigene Überleben besonders bedeutsames Wissen über biologische Zusammenhänge, das gezielt erweitert wurde. Und gleichzeitig war es auch immer das von einer menschlichen Gemeinschaft bis dahin bereits akkumulierte Wissen über biologische Zusammenhänge, das entscheidend dafür war, wie die Mitglieder einer solchen Gemeinschaft ihr Zusammenleben und ihre Beziehungen zur Natur, zu Pflanzen und Tieren gestalteten.

Unser Wissen über biologische Zusammenhänge ist also nicht nur viel älter als das im Lauf der Menschheitsentwicklung gesammelte Wissen über mathematische, physikalische oder astronomische Gesetzmäßigkeiten. Es wirkt auch in viel stärkerem Maße als diese anderen naturwissenschaftlichen Erkenntnisse auf uns selbst zurück. Es bestimmt nicht nur ganz entscheidend unsere eigenen Vorstellungen von uns selbst, sondern auch die Art und Weise, wie wir unsere natürliche Lebenswelt betrachten und wie wir sie gestalten. Während wir unsere Erkenntnisse auf allen anderen naturwissenschaftlichen Gebieten dadurch gewinnen, dass wir mathematische, physikalische oder astronomische Phänomene zum Objekt unserer Überlegungen und unserer Untersuchungen machen, sind wir bei der Suche nach biologischen Erkenntnissen immer selbst Teil des lebendigen Systems, das wir untersuchen. Und von den Erkenntnissen, die wir auf dieser Suche zutage fördern, sind wir unmittelbarer selbst betroffen, als das bei neuen Entdeckungen auf diesen anderen naturwissenschaftlichen Gebieten der Fall ist.

Viel stärker als dort fließen in unsere Suche nach biologischen Zusammenhängen auch die im Verlauf unserer bishe-

rigen Lebensbewältigung bereits gemachten eigenen Erfahrungen und die daraus entstandenen inneren Überzeugungen, Einstellungen und Haltungen ein. Diese sowohl individuell im Gehirn des jeweiligen Untersuchers wie auch kollektiv im Bewusstsein einer bestimmten Gemeinschaft verankerten Lebenserfahrungen bestimmen in viel stärkerem Maß als wir das zuzugeben bereit sind, wonach wir im Bereich des Lebendigen mit welchen Ansätzen und Verfahren suchen.

Was uns als einzelne Forscher oder uns als menschliche Gemeinschaft zu einem bestimmten Zeitpunkt unserer Entwicklung besonders wichtig erscheint, kann daher bisweilen sogar stärker als die objektiven Gegebenheiten unseres Untersuchungsgegenstandes den Fokus unseres Erkenntnisstrebens auf dem Gebiet der sog. Life Sciences in eine bestimmte Richtung lenken.

Dann untersuchen wir nicht das, was ist, sondern wir suchen nach dem, was wir zu finden hoffen, weil es zu unseren Vorstellungen passt. Dass der Untersucher mit seinen Erwartungen und seinen dementsprechend gewählten Messverfahren das Untersuchungsergebnis ganz entscheidend beeinflusst, haben auch die Physiker schon erkannt und als Heisenberg'sche Unschärferelation beschrieben. Aber die Erkenntnis, dass es von den jeweiligen Erwartungen und den dementsprechend ausgewählten und ausgerichteten Messverfahren abhängt, ob ein Elektron als Teilchen oder als Welle erscheint, hat eben nur einen sehr marginalen Einfluss auf unser eigenes Selbstverständnis und unsere eigene Lebensgestaltung.

Ganz anders verhält es sich aber, wenn Wissenschaftler beispielsweise herauszufinden versuchen, in welchem Ausmaß genetische Anlagen die Hirnentwicklung steuern, welche Rolle der Wettbewerb für evolutionäre Weiterentwicklungen spielt, wie sich das männliche vom weiblichen Ge-

schlecht unterscheidet oder ob Kinder von Natur aus aggressiv und egoistisch sind. Sowohl die Fragen, die von den jeweiligen Forschern einer bestimmten Epoche der Entwicklung einer menschlichen Gemeinschaft gestellt werden, wie auch die Antworten, die von ihnen dazu gefunden werden, hängen in hohem Maße davon ab, was die in dieser Gemeinschaft aufgewachsenen Forscher erwarten und wonach sie deshalb mit welchen Verfahren suchen. Je beschränkter das zu einem bestimmten Zeitpunkt bereits vorhandene Wissen einer Wissenschaftsdisziplin noch ist, desto größer wird die Gefahr, dass Einzelbefunde mit fragwürdigen Methoden erhoben, in fragwürdige Zusammenhänge gestellt und für die Stützung von fragwürdigen Theoriegebäuden benutzt werden.

In kaum einer anderen naturwissenschaftlichen Disziplin ist die Suche nach neuen Erkenntnissen und das daraus entwickelte Theoriegebäude so stark vom jeweiligen Zeitgeist und den Erwartungen der jeweiligen Gesellschaft bestimmt worden wie in der Biologie. Biologische Erkenntnisse wurden gesucht und gefunden, um zu begründen, dass angeborene Triebe und Instinkte das Verhalten von Menschen bestimmen, dass es »bessere« und »schlechtere« Menschen gibt, dass der Kampf um's Dasein ein Naturgesetz ist und »minderwertige« Individuen oder gar »Rassen« deshalb keine Lebensberechtigung haben. Die Liste derartiger »biologischer« Begründungen für die Durchsetzung bestimmter Interessen ist lang und lässt sich problemlos noch bis in unsere Gegenwart fortsetzen: Frauen sind biologisch für die Aufzucht der Nachkommen zuständig. Männer sind notorisch untreu und nur an der maximalen Verbreitung ihrer Gene interessiert ...

Solche und ähnliche, aus dem letzten Jahrhundert stammende Vorstellungen haben sich in allen Bereichen unserer Gesellschaft festgesetzt. Sie sind von anderen Disziplinen

der sog. Life Sciences, von Psychologen, Pädagogen, Medizinern sogar Wirtschaftswissenschaftern und Philosophen übernommen und zur Grundlage der dort entwickelten Vorstellungen gemacht worden. Sie werden noch immer in Schulen und an Universitäten gelehrt und in populärwissenschaftlicher Form auf allen Ebenen medial sehr erfolgreich vermarktet. Sie liefern »biologische Begründungen« dafür, dass unsere gegenwärtige Welt so ist, wie sie ist und dass Veränderungen der Art unseres Zusammenlebens und unserer Beziehungen zur Natur nur im Rahmen dessen möglich sind, was unsere »biologische Natur« zulässt. Sie stillen damit das Bedürfnis von Menschen, die ein besonderes Interesse daran haben, ihre jeweiligen Privilegien und Besitzstände zu sichern und ihre gewohnten Denkmuster und Verhaltensweisen nicht in Frage stellen zu müssen. Solange solche Bedürfnisse bei der Mehrheit der Mitglieder einer Gemeinschaft vorherrschen, sind der Verbreitung anderer Vorstellungen von dem, was Leben ist, was alle Lebewesen brauchen, was sie miteinander verbindet, welche Potenziale in ihnen und nicht zuletzt in uns selbst angelegt sind und wie sie sich entfalten können, deutliche Grenzen gesetzt.

Dennoch ist die Ausbreitung dieser anderen Vorstellungen nicht aufzuhalten. Und genau das wird gegenwärtig in der Biologie besonders deutlich spürbar. Maßgeblich dafür sind zwei voneinander unabhängige Entwicklungen, die seit der Jahrtausendwende zunehmend an Einfluss gewinnen. Das ist zum einen eine tief greifende Veränderung unseres eigenen Selbstverständnisses.

Am deutlichsten spürbar wird sie bei der nachwachsenden Generation junger Menschen, die angesichts der mit der Digitalisierung und Globalisierung einhergehenden Veränderungen wesentlich besser als alle vorangegangenen Generationen gelernt hat, mit einer wachsenden Komplexität ihrer Lebenswelt und der damit einhergehenden Verunsicherung umzugehen.

Die Auflösung vorhersagbarer Lebensentwürfe und der Zerfall autoritärer Strukturen zwingen diese jungen Menschen, die Verantwortung für ihre eigene Lebensgestaltung zunehmend selbst zu übernehmen. Sie brauchen die einfachen Erklärungen der Biologie des 20. Jahrhunderts nicht mehr. Für sie gibt es immer weniger, was es festzuhalten und zu verteidigen gilt. Sie sind global vernetzt und fühlen sich auf eine bisher noch nie dagewesene Weise miteinander verbunden. Und sie glauben nicht mehr an das, was in den Lehrbüchern steht. Vieles von dem, was ihren Eltern und Großeltern noch wichtig für ihr eigenes Selbstverständnis war, hat für diese junge Generation seine Bedeutung verloren.

Die zweite, gleichermaßen tiefgreifende Veränderung vollzieht sich seit einigen Jahren auf dem Gebiet der Biologie selbst. Der dort zu verzeichnende enorme Erkenntniszuwachs hat dazu geführt, dass so manche alte Vorstellung, die noch gegen Ende des vergangenen Jahrhunderts als unverrückbar galt, nun immer stärker in Frage gestellt wird. Die mit großen Erwartungen im Rahmen des »Human Genome Project« vorangetriebene Entschlüsselung unserer Erbanlagen erwies sich als Flop. Statt der vermuteten 300 000 Gene, die unsere Entwicklung steuern sollten, fand man lediglich etwa 30 000, und damit nicht viel mehr als bei den Fadenwürmern.

Von unseren nächsten Verwandten, den Menschenaffen unterscheiden wir uns genetisch nur in 0,5 Prozent und seit es unsere Spezies gibt, hat sich an unseren genetischen Anlagen nichts Wesentliches mehr verändert.

Bestimmte Gensequenzen erwiesen sich auch nicht wie erwartet als eigenständige Einheiten, die in der Lage sind, die Leistungen einer Zelle oder gar die Herausbildung komplexer Merkmale zu steuern. Gene sind offenbar viel stärker miteinander vernetzt und in ihrer Expression voneinander abhängig als bisher angenommen. Sog. epigeneti-

sche Faktoren, also äußere Einflüsse, denen eine Zelle ausgesetzt ist und innere Veränderungen, die sie in bestimmten Phasen durchläuft, sind offenbar entscheidend dafür, welche Gene in ihrem Zellkern abgeschrieben und welche blockiert werden. Zellen werden also nicht von ihren Genen gesteuert, sondern Zellen benutzen die in ihren Zellkernen abgespeicherten genetischen Sequenzen, um sich in ihrer jeweiligen Lebenswelt zurechtzufinden, sich an bestimmte Erfordernisse anzupassen, bestimmte Leistungen zu erbringen und auf diese Weise selbst wieder Bedingungen zu schaffen, die andere Zellen anregen, auf die so erzeugten Veränderungen zu reagieren, indem sie dann auch wieder bestimmte Gene in ihrem Zellkern ein- oder abschalten.

Die alten Vorstellungen, dass es immer einen bestimmten Verursacher gibt, der eine bestimmte Wirkung erzeugt, haben sich aber nicht nur auf der Ebene der Genregulation als unzutreffend erwiesen. Sie sind auf allen anderen Ebenen der Regulation lebender Systeme unbrauchbar geworden. Überall sind es nicht besondere Leistungen oder Fähigkeiten einzelner Komponenten, sondern es ist die Beziehung aller Bestandteile eines lebenden Systems, ihr Zusammenwirken, was darüber bestimmt, was aus einer Zelle, einem Organismus oder einem Ökosystem wird, wie es sich verändert und in welche Richtung es sich weiterentwickelt.

Damit beginnt sich innerhalb der biologischen Wissenschaften ein Denken auszubreiten, das sich nun allerdings sehr grundsätzlich von den Vorstellungen unterscheidet, die die alte Biologie aus den klassischen Naturwissenschaften übernommen hatte. Diese neue Biologie ist gegenwärtig dabei, genau das wieder in den Mittelpunkt ihrer Überlegungen zu rücken, was schon immer im Mittelpunkt des Interesses von Menschen an den Phänomenen der lebendigen Welt gestanden hatte: die Eingebundenheit jedes einzelnen Lebewesens in das Gesamtgefüge von Beziehungen, die alle Lebensformen miteinander verbinden.

4. Die Verbundenheit alles Lebendigen

Kein Lebewesen ist ohne andere Lebewesen überlebensfähig. Jedes Tier, jede Pflanze, ja sogar jedes Bakterium verdankt seine Existenz dem Umstand, dass es Eltern gab, die es hervorgebracht und mit dem zum Überleben Notwendigen ausgestattet haben. Jedes Individuum einer Art ist also immer nur das letzte, heute lebende Glied einer langen Kette transgenerational miteinander verbundener Vorfahren. Und so sind die Mitglieder einer Art alle miteinander verwandt, sind nur unterschiedlich gewordene Nachfahren der gleichen Vorfahren. Und weil diese am Anfang der Ahnenkette stehenden Vorfahren einer bestimmten Tier- oder Pflanzenart ja selbst auch nur unterschiedlich gewordene Nachfahren von ihrerseits wieder gemeinsamen Vorfahren waren, sind auch die Mitglieder der heute existierenden unterschiedlichen Arten über diese gemeinsame Herkunft ihrer Vorfahren noch immer eng miteinander verbunden. Manche Merkmale teilen sie noch immer miteinander, andere Merkmale sind erst später entstanden, und damit spezifische Merkmale entweder der betreffenden Art, der betreffenden familiären Linie, der Sippe oder aber des aus dieser Linie hervorgegangenen Individuums. Die Möglichkeit, dass als gegenwärtige Verkörperung dieser jeweiligen Entwicklungslinien genau dieses Individuum entsteht, das jedes einzelne Lebewesen heute ist, war also von Anfang an bereits in unseren ersten Vorfahren angelegt. Diese Anlage hat sich erst im Verlauf dieser langen Entwicklungsreihe in dieser Weise entfaltet. Bei uns so, bei anderen Lebewesen anders, je nachdem, welche Voraussetzungen und Möglichkeiten für die eigene Entwicklung innerhalb der jeweiligen Lebenswelt von den jeweiligen Vorfahren bereitgestellt, übernommen werden und genutzt werden konnten.

5. Wie sich das Leben immer wieder neu erfindet

Angesichts dieser einfachen, fast schon banalen Ableitung unser eigenen Eingebundenheit in den natürlichen Entwicklungsprozess alles Lebendigen, kann man sich nur darüber wundern, dass innerhalb der Biologie und davon ausgehend auch innerhalb unseres westlichen Kulturkreises die Vorstellung verbreitet werden konnte, das Leben sei ein »Kampf um's Dasein«, in dem es um das Überleben des Einzelnen, um den Reproduktionsvorteil des »fitteren«, besser angepassten Individuums in einem fortwährenden Wettbewerb von Konkurrenten in einer Welt begrenzter Ressourcen geht. Auf die Frage, wem die Verbreitung solcher Vorstellungen nützt und wozu sie dient, erhält man die Antwort, dass es ohne Wettbewerb keine Weiterentwicklung geben könne, dass durch Mutation und Rekombination immer wieder neue Genkombinationen für die Herausbildung neuer Merkmale entstünden, und dass durch nachfolgende Selektion die für das Überleben und die Reproduktion geeigneten Individuen ausgelesen würden.

Aber stimmt das wirklich? Führt der Wettbewerb tatsächlich zu einer innovativen Weiterentwicklung oder ist er nur der Motor für immer weiter voranschreitende Spezialisierungen?

Auch für diese wichtige Frage findet die neue Biologie, die Wissenschaft von der Verbundenheit alles Lebendigen, ganz neue Antworten:

Jedes lebende System, gleichgültig ob es sich dabei um eine einzelne Zelle, einen vielzelligen Organismus oder eine aus unterschiedlichen Individuen bestehende Gemeinschaft handelt, muss Lösungen finden, die es ihm ermöglichen, sein bisher herausgeformtes inneres Beziehungsgefüge aufrechtzuerhalten. Das ist schwierig, weil diese innere Ord-

nung durch Einflüsse aus der Außenwelt ständig gestört wird. Ursache dieser Störungen ist die für den Aufbau und die Aufrechterhaltung dieser inneren Strukturen notwendige Offenheit aller lebenden Systeme gegenüber destabilisierenden Einflüssen aus der Außenwelt.

Da jedes lebende System in ein komplexes Beziehungsgefüge mit anderen lebenden Systemen eingebettet ist, werden diese Störungen primär durch andere Lebewesen ausgelöst, die ebenfalls versuchen, ihr inneres Beziehungsgefüge aufrechtzuerhalten, die also selbst ebenfalls am Leben bleiben, wachsen und sich vermehren wollen. In einer begrenzten Welt mit begrenzten Ressourcen ist solches Wachstum nur für begrenzte Zeit möglich. Irgendwann wird der Lebensraum zu eng und die Nahrung zu knapp, und dann geht es nicht mehr weiter wie bisher, und es müssen von den betreffenden Lebensformen neue Lösungen gefunden werden, um das eigene Überleben, ihr weiteres Wachstum und ihre Reproduktion zu sichern.

Während dieser Übergangsphasen kommt es zwangsläufig zu einer zunehmenden Destabilisierung des inneren Beziehungsgefüges der in einem bestimmten Ökosystem lebenden, wachsenden und sich vermehrenden Lebewesen. Am stärksten davon betroffen sind davon immer diejenigen Lebensformen, die mehr Ressourcen als andere verbrauchen, weil sie zum Beispiel als juvenile Formen schneller wachsen als die Generation der Erwachsenen. Die Individuen der nachwachsenden Generation sind aber noch in der Lage, die Ausformung ihres inneren Beziehungsgefüges tiefgreifender an die sich verändernde Versorgungslage anzupassen und so neue Lösungen zur Sicherung ihres Überlebens und ihrer Reproduktion zu finden.

Es sind also nicht die alten, erwachsenen und erfahrenen Individuen einer bestimmten Lebensform, die in schwierigen Zeiten wirklich innovative Lösungen finden und ver-

änderte innere Beziehungsmuster entwickeln können. Es sind vielmehr diejenigen, die unter schwieriger werdenden Bedingungen heranwachsen, die noch unerfahren, unfertig, noch suchend unterwegs sind. Ihr inneres Beziehungsgefüge und damit ihre innere Organisation ist viel leichter und auch viel grundsätzlicher umbaubar und an neue Erfordernisse anpassbar als bei ihrer Elterngeneration mit all deren festgelegten Mustern und Strategien zur Lösung von Versorgungs-, Überbevölkerungs- oder sonstigen Problemen der Ressourcenverknappung.

Offenbar haben die Biologen bisher nur dort nach den Ursachen und Mechanismen von Veränderungen der inneren Organisation, des inneren Beziehungsgefüges und damit der Struktur und Funktion von Lebewesen gesucht, wo sie ihnen besonders plausibel erschienen, wo sie Phänomene beobachten und beschreiben konnten, die ihnen aufgrund ihrer eigenen Lebenserfahrung hinreichend vertraut waren. Und das waren eben die Problemlösungsstrategien von Erwachsenen, nicht die von Heranwachsenden. Und wenn erwachsene Menschen verunsichert werden und Angst haben, oder wenn irgendwelche andere erwachsene Lebewesen destabilisierenden Einflüssen ausgesetzt sind, so reagieren sie darauf eben immer zunächst mit dem Versuch, ihr verstörtes inneres Beziehungsgefüge wieder zu stabilisieren.

Sie machen also das, was sie immer schon gemacht haben, wenn es schwierig wurde: Sie greifen auf ihre bereits bewährten Lösungsstrategien zurück. Sie versuchen noch mehr vom Alten. Das aber ist keine Weiterentwicklung, das ist auch alles andere als innovativ. Das ist einfach nur rückwärtsgewandtes Auf-der-Stelle-Treten. Und dabei kann auch nichts anderes herauskommen als die ständige Verbesserung und Weiterentwicklung all dessen, was sich bisher bereits bewährt hat. Das Resultat dieser, aus der Angst, dem Stress und der Not geborenen »Innovationen« ist deshalb lediglich die Fortentwicklung dessen, was bisher bereits funktioniert hat.

Das heißt nicht, dass es unwichtig wäre herauszufinden, wie im Lauf der Evolution einzelne Merkmale und Fähigkeiten immer weiter ausdifferenziert und fortentwickelt werden, bis am Ende beispielsweise aus einer Anlage für eine fünfgliedrige Vorderextremität bei den Wirbeltieren ein Greifarm, ein Vogelflügel, eine Delphinflosse oder eine Grabschaufel entstanden ist. Das funktioniert genau so, wie es bereits Charles Darwin beschrieben hat: Durch Selektionsdruck und die damit einhergehende Verbesserung der Überlebens- und Reproduktionschancen all jener Individuen einer Art, die nicht nur die genetische Anlage dafür besaßen, sondern die auch unter Bedingungen lebten, unter denen es ihnen möglich war, ihre besonderen Anlagen tatsächlich zu entfalten.

Nur sie konnten bestimmte Merkmale so ausbilden und die Effizienz der daraus erwachsenen Leistungen und Fähigkeiten so verbessern, dass ihr Weiterleben und ihre Fortpflanzung nun auch unter verstärktem Konkurrenzdruck und verminderter Ressourcenverfügbarkeit gesichert waren.

Aber was nicht nur Darwin, sondern auch die ihm nachfolgenden Evolutionsbiologen weitgehend übersehen haben: Um bestimmte, bisher nicht exprimierte Gensequenzen nun auf einmal abschreiben und bisher nur als Potenzial angelegte Merkmale und Fähigkeiten auch wirklich herausbilden zu können, muss man noch sehr jung sein. Je jünger, desto besser. Am besten geht das bereits vor der Geburt. Denn dann ist das Zusammenspiel von Genexpression und Merkmalsausbildung noch nicht so fest gefügt und eingefahren. Nur dann herrschen noch die für die Expression neuer Genkombinationen günstigen Bedingungen. Nur wenn sie noch sehr jung und noch nicht so stark ausdifferenziert sind, können lebende Systeme einen wachsenden Selektionsdruck auch wirklich nutzen, um bestimmte in ihnen angelegte genetische Potenziale zu entfalten und die

für ihr Überleben und ihre Reproduktion erforderlichen
Merkmale und Fähigkeiten herauszubilden.

Suboptimale Bedingungen dafür herrschen automatisch
immer dann, wenn das betreffende Lebewesen bereits zu
weit ausdifferenziert, also zu alt ist. Solche suboptimalen
Bedingungen herrschen aber auch dann, wenn es für die
Jungen keinen Grund gibt, das entsprechende Merkmal
auszubilden oder eine bestimmte Fähigkeit zu entwickeln.
Wenn es also für die Jungen gar keine Bedeutung hat, dieses
betreffende Merkmal oder diese betreffende Leistung herauszubilden. Wenn sie es nicht wollen, können sie es auch
nicht entwickeln.

Mit anderen Worten heißt das: Davon, dass man genetisch eine zum Mäusefangen besonders gut veranlagte
Katze ist, wird man nicht automatisch auch ein guter Mäu-
sefänger. Davon, dass man genetisch veranlagt ein besonders großes Geweih bekommt, wird man nicht automatisch
zu einem Leithirsch. Davon, dass man genetisch ein Wei-
zenkorn ist, das eine Pflanze mit besonders vielen Weizen-
samen hervorbringen kann, beschert man dem Bauern
nicht zwangsläufig eine gute Ernte.

Damit ein Lebewesen ein in seinem Genom angelegtes Potenzial also zur Entfaltung bringen kann, muss die Ausbildung des aus diesem Potenzial herausgeformten Merkmals
für das betreffende Individuum von Anfang an bedeutsam
sein. Bedeutsam kann die Herausbildung eines bestimmten
Merkmals, beispielsweise die Herstellung eines bestimmten
Eiweißes, dadurch werden, dass Zellen unter dem Einfluss
bestimmter Signalstoffe geraten, die von anderen Zellen des
sich entwickelnden Organismus produziert werden.

Bedeutsam kann die Ausbildung eines bestimmten
Merkmals oder einer bestimmten Fähigkeit aber auch da-
durch werden, dass es innerhalb des bisher ausgebildeten
Beziehungsgefüges eines Organismus zu einer Störung

oder einer Destabilisierung durch äußere Einflüsse kommt, der nur durch die betreffende Merkmalsausbildung oder den Erwerb einer bestimmten Fähigkeit begegnet werden kann. Dann wird die Not zur Triebfeder für die Suche nach Auswegen und Lösungen.

Dabei sind die Spielräume der erwachsenen Individuen einer Art zwangsläufig geringer als die ihrer juvenilen Mitglieder. Menschenkinder sind noch freier und flexibler als die Alten. Sie können noch nicht automatisch auf alte, bereits bewährte Lösungen zurückgreifen.

Sie sind noch in der Lage, neue, unkonventionelle, von den Erwachsenen nicht für möglich gehaltene Auswege aus schwierigen Situationen, aus der mit der Destabilisierung ihres inneren Beziehungsgefüges einhergehender Verunsicherung und Angst zu finden.

Wie immer diese Auswege und Lösungen auch aussehen, sie lassen sich alle einer der beiden grundsätzlich möglichen Bewältigungsstrategien zuordnen: entweder man wehrt sich gegen die Konkurrenten oder man verbindet sich mit ihnen. Kurzfristig kann die Strategie der Abgrenzung, des Sich-Einmauerns, des Sich-zur-Wehr-setzens durchaus erfolgreich sein. Langfristig aber bleibt sie eine ständig weiter sprudelnde Quelle von immer neuen Destabilisierungsprozessen und eine zwangsläufig zu fortschreitende Abgrenzung und Spezialisierung zwingende Triebfeder der eigenen Weiterentwicklung.

Die durch den Wettbewerb um begrenzte Ressourcen forcierte Spezialisierung treibt einzelne Arten in ökologische Nischen. Komplexität und die Generierung eines reichhaltigen Spektrums von im Genom angelegten Potenzialen sind in solch speziellen Lebensräumen ohne Vorteil für das Überleben und die Reproduktion. Wer als Spezialist gut überleben kann, der braucht kein Alleskönner zu werden oder zu bleiben. Günstige Bedingungen für die Erweite-

rung des Spektrums der im Genom verankerten Optionen
und für die Herausbildung komplexer Beziehungsmuster
und Organisationsstrukturen innerhalb und zwischen Individuen herrschen also nicht dort, wo der Wettbewerb besonders stark ist. Sie wären vielmehr überall dort zu suchen, wo der Wettbewerb eine weniger bedeutsame Rolle
für das Überleben und die Reproduktion der Individuen einer Art spielt. Das aber sind all jene Phasen in der stammes-
geschichtlichen Entwicklung einzelner Arten, in denen
nicht Not, Elend, Mangel und Ressourcenverknappung
herrschten, sondern Überfluss. Dort, in diesen Phasen des
unangestrengten, stress- und konkurrenzfreien Zusammenlebens werden kreative und innovative Lösungen möglich, dort kommt es zur Herausbildung neuer Potenziale,
dort wird die spielerische Weiterentwicklung und Neu-
kombination bereits angelegter Reaktions- und Beziehungsmuster möglich. Nicht unter Druck, sondern im un-
bekümmerten freien Zusammenspiel erfindet das Leben
sich immer wieder neu, bilden die sich entwickelnden Lebensformen zunehmend komplexere innere Strukturen
und Interaktionsmuster aus und gehen immer engere und
komplexere Wechselbeziehungen mit anderen Lebensformen ein. Auch hier wieder sind es nicht so sehr die Alten,
bereits Erwachsenen, sondern die Jungen und Jüngsten, die
viel offener und beziehungsfähiger sind.

6. Die Umwandlung von Beziehungs-
erfahrungen in Beziehungsstrukturen

Auf diesem Entwicklungsweg hin zu wachsender Komplexität wird dann auch zwangsläufig genau das Organsystem
zunehmend bedeutsamer, das für die innere und äußere Be-
ziehungsgestaltung, für die Koordination und das Zusam-

menspiel der innerhalb des Organismus ablaufenden Prozesse und nicht zuletzt für die Steuerung seiner Beziehungen zur äußeren Welt verantwortlich ist: das Nervensystem, und als dessen zentrale Verarbeitungseinheit: das Gehirn.

Je weiter die Entwicklung des Lebens auf unserer Erde in dieser Weise voranschritt, desto differenzierter und vom zuvor erreichten Entwicklungsstand abhängiger wurden die jeweils neu hinzukommenden Lebensformen. Aus den anfangs noch sehr einfachen Bauplänen für die schnell wachsenden und sich rasch vermehrenden Einzeller entstanden so immer komplizertere genetische Muster für den Aufbau langsamer wachsender und sich weniger rasch vermehrender, dafür aber immer komplexer strukturierter Vielzeller. Aus den primitiven Nervensystemen der ersten Tiere entstand das komplizierte, lernfähige Gehirn des Menschen mit der Fähigkeit, selbst innere Muster in Form von Ideen und Vorstellungen zu erzeugen, diese an andere Menschen weiterzugeben und an nachfolgende Generationen zu überliefern.

So wurde das ursprünglich noch von DNA-kodierten Mustern gelenkte, noch rein stoffliche Wachstum zu einem nichtstofflichen, zu einem durch die Verbreitung von inneren, das Denken, Fühlen und Handeln bestimmenden Vorstellungen gelenktes, geistiges Wachstum. Die von den ersten Lebensformen entwickelte Fähigkeit, DNA-verankerte Erfahrungen zu übernehmen, zu erweitern und zur Lenkung des eigenen Wachstums und zur Aufrechterhaltung der eigenen inneren Ordnung zu nutzen, ist damit in eine neue Qualität umgeschlagen: Das bis dahin sichtbare und messbare Wachstum wurde zu einem immateriellen, nicht sichtbaren und nicht messbaren Wachstum. So ist das Leben – wenngleich noch immer an materielle Strukturen gebunden – zu einem erkenntnisgewinnenden, geistigen Wachstumsprozess geworden.

Damit hat die Evolution des Lebendigen mit der Herausbildung immer komplexer werdender Gehirne einen Weg
gefunden, der unbegrenztes Wachstum ermöglicht, ohne
dass uns durch ein immer größer werdendes Gehirn irgendwann der Schädel platzt: Was ewig weiter wachsen
kann, ist das Ausmaß der Verknüpfungen, die Intensität der
Beziehungen der Nervenzellen untereinander.

Die wichtigste Voraussetzung dafür, dass ein in dieser
Weise immer stärker vernetztes Gehirn entstehen konnte,
musste allerdings unterwegs, auf einen langen und störan-
fälligen evolutionären Entwicklungsprozess erst allmählich
geschaffen werden. Denn um ein solch komplexes Beziehungsgefüge der Nervenzellen im Gehirn herausbilden zu
können, bedurfte es nicht nur der dafür erforderlichen genetischen Anlagen. Es musste auch sichergestellt werden, dass
möglichst viele der unter der Wirkung dieser genetischen
Programme zunächst herausgeformten Vernetzungs- und
Verknüpfungsoptionen von Nervenzellen in den verschiedenen Bereichen des sich entwickelnden Gehirns auch tatsächlich genutzt und dadurch stabilisiert werden konnten.
Dazu mussten die Nachkommen während der Phase ihrer
Hirnentwicklung nicht nur in eine Lebenswelt hineinwach-
sen, die ihnen ein möglichst reichhaltiges Spektrum an unterschiedlichsten Erfahrungen bot. Sie mussten gleichzeitig
auch vor störenden Einflüssen geschützt werden, die die
Ausgestaltung der in ihrem Gehirn angelegten Verknüpfungsoptionen in eine bestimmte Richtung drängten und sie
zu frühen Spezialisierungsleistungen zwangen. Am reich-
haltigsten wird der Erfahrungsraum für die Individuen einer
bestimmten Art immer dann, wenn es ihnen gelingt, Gemeinschaften zu bilden, in denen individuell gemachte Erfahrungen untereinander ausgetauscht und an die jeweiligen
Nachkommen weitergegeben werden können. Dazu müssen die Mitglieder einer solchen Gemeinschaft durch ein
emotionales Band, durch ein Gefühl der Zusammengehö-
rigkeit miteinander verbunden sein. Und der Schutz der

Nachkommen vor störenden, ihre Hirnentwicklung zu schnell in bestimmte Spezialisierungen zwingenden äußeren Einflüssen lässt sich nur gewährleisten, wenn die erwachsenen Mitglieder einer solchen Gemeinschaft und insbesondere die Eltern dieser Nachkommen mit einem noch engerem emotionalen Band, einem Gefühl bedingungsloser Liebe zu ihren Kindern verbunden sind.

All das beginnen die Biologen, vor allem die Entwicklungsbiologen, in den letzten Jahren immer besser zu verstehen. Auf der Grundlage ihrer Erkenntnisse wird es deshalb nun erstmals möglich, die Herausbildung dieses Gefühls der Verbundenheit auch mit einem naturwissenschaftlichen Ansatz zu beschreiben.

7. Die biologischen Wurzeln der Liebe

Auf der Suche nach der Vorstufe dessen, was wir Liebe nennen, sind die Biologen gleich auf zwei Wurzeln gestoßen: (1) Die sexuelle Anziehung, die sich aus dem Paarungsverhalten und der Partnerwahl zu einer mehr oder weniger ausgeprägten Bindung der Sexualpartner entwickelt hat und damit zum Ausgangspunkt der Liebe zwischen Mann und Frau geworden ist. (2) Das Brutpflegeverhalten, aus dem sich beim Menschen die Elternliebe entwickelt hat. Für beide Phänomene hat sich die Mehrzahl der Biologen über lange Zeit hinweg kaum interessiert.

Ihr Blick war in erster Linie auf ein Phänomen gerichtet, das der Liebe wenig zuträglich ist: auf den Wettbewerb. In ihrer Begeisterung über die Entdeckung der »natürlichen Selektion« als »Triebfeder der Evolution« ist den meisten der Biologen dieses nun zu Ende gehenden konkurrenzge-

prägten Zeitalters der Blick für all das abhanden gekommen, was die individuellen Lebensformen immer wieder verbindet, was die Individuen einer Art zusammen führt, was damit der isolierenden, trennenden und auseinander treibenden Kraft des Wettbewerbs entgegenwirkt. Im nachhinein ist es daher um so erstaunlicher, dass der Entdecker des Prinzips der natürlichen Selektion, Charles Darwin, bereits selbst schon darauf hingewiesen hatte, dass es offenbar noch einen zweiten Selektionsmechanismus gibt, der vor allem in der Evolution der sogenannten höheren Tiere bis hin zum Menschen eine zunehmend wichtige Rolle gespielt hat. So schreibt er in seinem zweiten Hauptwerk, das nur wenige Jahre nach der Veröffentlichung von *On the Origin of Species by Means of Natural Selection* unter dem Titel *The Descent of Man, and Selection in Relation to Sex* erschienen ist:

In den niederen Abteilungen des Tierreichs scheint geschlechtliche Zuchtwahl nichts bewirkt zu haben; solche Tiere sind häufig zeitlebens an einen und denselben Fleck befestigt oder es sind die beiden Geschlechter in einem und demselben Individuum vereinigt, oder, was von noch größerer Bedeutung ist, ihr Wahrnehmungs- und intellectuelles Vermögen ist noch nicht hinreichend vorgeschritten, um die Gefühle der Liebe und Eifersucht oder die Ausübung einer Wahl zu gestatten. Wenn wir indessen zu den Arthropoden und Wirbeltieren, selbst zu den niedrigsten Klassen in diesen beiden großen Unterreichen kommen, sehen wir, dass geschlechtliche Zuchtwahl Bedeutendes erreicht hat, und es verdient Beachtung, dass wir hier die intellectuellen Fähigkeiten nach dem nächsten Maße hin entwickelt finden, indess in zwei verschiedenen Richtungen, nämlich bei den Hypenoptern (Ameisen, Bienen usw.) unter den Arthropoden und bei den Säugethieren, mit Einschluss des Menschen unter den Wirbelthieren.« (Darwin 1871, S. 349).

Weil das Gefühl von Zuneigung und Liebe im Gehirn entsteht, wies Darwin schon damals auf die besondere Rolle hin, die das »Cerebralsystem« für die sexuelle Selektion besitzt. Für ihn war es eine Selbstverständlichkeit, dass die künftige Entwicklung des Menschen entscheidend davon abhängt, ob er allmählich begreift, was es heißt, wenn Mann und Frau sich in Liebe vereinigen.

Wer das Princip der geschlechtlichen Zuchtwahl zugibt, wird zu der merkwürdigen Schlussfolgerung geführt, dass das Cerebralsystem nicht bloß die meisten der jetzt bestehenden Functionen des Körpers reguliert, sondern auch indirect die progressive Entwickelung verschiedener körperlicher Bildungen und gewisser geistiger Eigenschaften beeinflusst hat. Muth, Kampfsucht, Ausdauer, Kraft und Größe des Körpers, Waffen aller Arten, musikalische Organe, sowohl vocale als auch instrumentale, glänzende Farben, Streifen und Zeichnungen und ornamentale Anhänge. Alles ist indirect von dem einen oder dem anderen Geschlechte erlangt worden, und zwar durch den Einfluss der Liebe und Eifersucht, durch die Anerkennung des Schönen im Klang, in der Farbe oder der Form und durch die Ausübung einer Wahl; und diese Fähigkeiten des Geistes hängen offenbar von der Entwickelung des Gehirnnervensystems ab.

Der Mensch prüft mit scrupulöser Sorgfalt den Character und den Stammbaum seiner Pferde, Rinder und Hunde, ehe er sie paart. Wenn er aber zu seiner eigenen Heirat kommt, nimmt er sich selten oder niemals solche Mühe. Er wird nahezu durch dieselben Motive wie die niederen Tiere, wenn sie ihrer eigenen freie Wahl überlassen sind, angetrieben, obgleich er insoweit ihnen überlegen ist, dass er geistige Reize und Tugenden hochschätzt. Andererseits wird er durch bloße Wohlhabenheit oder Rang stark angezogen. Doch könnte er durch Wahl nicht bloß für die körperliche Constitution und das Äußere seiner Nach-

kommen, sondern auch für ihre intellectuellen und mora-
lischen Eigenschaften etwas tun. (Darwin 1871, 354f)

Die Maßstäbe, anhand derer wir Menschen unseren Fort-
pflanzungspartner auswählen, sind – auch das hatte Darwin
offenbar schon erkannt – nicht angeboren, sondern beruhen auf Erfahrungen. So macht jeder Mensch bereits sehr
früh die Erfahrung, dass er entweder weiblichen Geschlechts oder aber männlichen Geschlechts ist. Je nachdem, wofür er sich entscheidet (und das muss nicht immer
das sein, was er biologisch ist), wird er sich im Lauf seiner
weiteren Entwicklung mit den Mitgliedern des einen Geschlechts stärker identifizieren als mit denen des anderen
Geschlechtes. Eine Person wird sich die Denk- und Verhaltensweisen der einen stärker, die der anderen weniger stark
zu eigen machen, bis sie schließlich die von ihr eingenom-
mene Geschlechterrolle ebenso gut spielen kann, wie all die
Männer oder all die Frauen, von denen sie ihre Rolle gelernt
hat. Wenn dieser Prozess abgeschlossen ist, ist das geschlechtliche Rollenverständnis dieses Menschen eben das
der Kultur, der Region und der Zeit, in der er seine Erfahrungen machen konnte. Wenn eine Person zum Beispiel
nicht in Europa, sondern in Tibet geboren und unter den
dortigen Verhältnissen aufwächst, entwickelt sie andere
Vorstellungen davon, was einen Mann oder eine Frau ausmacht, welche Bestimmung ein Mann, welche eine Frau zu
erfüllen hat, und wie die Beziehung zwischen den beiden
zu gestalten ist.

Wie unterschiedlich die konkreten Erfahrungen auch sein
mögen, die ein Kind auf seinem Weg der Identitätssuche als
Mann oder als Frau zu allen Zeiten und an allen Orten dieser Erde zu machen Gelegenheit hatte, eines war und ist immer gleich geblieben: Jeder heranwachsende Mensch fühlt,
ahnt oder weiß ganz genau, dass es noch andere Erfahrungen gibt; Erfahrungen die er nur hätte machen können,

wenn er einer des anderen Geschlechts geworden wäre. So spürt jeder Junge, wenn er zum Mann geworden ist, dass die männliche Erfahrungswelt, in die er nun einmal hineingewachsen ist, eigentlich nur die halbe Welt ist. Und den Mädchen geht es dabei nicht anders. So entwickeln also die Vertreter beider Geschlechter bei ihrem Heranwachsen eine Ahnung davon, dass sie nur dann die ganze Welt in sich tragen können, wenn sie sich vereinigen. Nur so kann es ihnen gelingen, die in zwei unterschiedlichen Welten gemachten, komplementären Erfahrungen, von denen jeder von ihnen nur die eine Hälfte in sich trägt und die doch sein gesamtes Fühlen, Denken und Handeln bestimmt, zu einer ganzheitlichen, gemeinsamen Erfahrung zu verschmelzen. Das ist das, was schon die alten Griechen »erotische Liebe« nannten und was bereits in ihrer Vorstellung nicht ausschließlich zwischen einem Mann und einer Frau entstehen muss.

Eine solche erotische Beziehung zwischen zwei Menschen hält so lange an, bis es zwischen beiden nichts mehr zu verschmelzen gibt. Bei manchen Paaren reicht das Bedürfnis nach Verschmelzung nicht weiter als bis zur nackten geschlechtlichen Umarmung. Ihre Beziehung zerbricht, wenn sie vollzogen und das Bedürfnis danach endgültig erloschen ist. Bei anderen Paaren kommt es tatsächlich zu einer immer weiter reichenden Verschmelzung der unterschiedlichen Welten ihrer Gefühle und ihres Denkens. Sind beider Welten ausreichend groß, kann dieser Prozess weit über die geschlechtliche Vereinigung hinausreichen, selbst nach dem Tod eines Partners wird der noch lebende Partner versuchen, die Gefühls- und Gedankenwelt des anderen tiefer zu ergründen. Das nennen wir Liebe.

Partner, die sich finden und vereinigen sollen oder wollen, müssen sich finden. Schon Einzeller produzieren zu diesem Zweck spezifische Signalstoffe. Besonders eindrücklich lässt sich der Einsatz und die Wirkung dieser Signalstoffe bereits bei den mit den Pantoffeltierchen verwandten Einzellern Blepharisma spec. nachweisen. Dazu muss man ein paar alte, halb vergammelte Laubblätter in ein mit Wasser gefülltes Glas legen und das Ganze eine Weile unter eine Lampe stellen. An den Blättern hängen diese winzigen, primitiven und stammesgeschichtlich uralten Einzeller, die nun zum Leben erweckt werden und sich munter durch ungeschlechtliche Teilung vermehren. Nahrung finden sie im Überfluss (aus den vergammelten Blättern), und Energie in Form von Licht bekommen sie auch genug (von der darüber hängenden Lampe). Nach drei Tagen entfernt man die vergammelten Blattreste. Nun wird den sich noch immer schnell vermehrenden Einzellern allmählich die Nahrung knapp. Sie schwimmen umher; manche landen dabei unten im Glas und müssen versuchen, dort zu überleben. In dieser Welt, auf dem Grund des Glases, gibt es noch viele Nährstoffe (kleine Blattreste, gestorbene Artgenossen), aber nur wenig Licht. Dort können also nur diejenigen überleben und sich weiter vermehren, die am besten in dieser (halben) Welt mit viel Futter und wenig Energie zurechtkommen.

Ganz anders ist es oben im Glas. Hier gibt es zwar genug Lichtenergie, dafür aber weniger Nährstoffe. Dort versammeln sich diejenigen dieser Einzeller, die so beschaffen sind oder denen es gelungen ist, sich so anzupassen, dass sie in dieser anderen (halben) Welt noch weiter wachsen und sich vermehren können.

Von der Seite betrachtet erscheint das Wasser im Glas nun in der Mitte ziemlich klar, während es oben und unten trübe aussieht, weil sich dort die Spezialisten der beiden

Welten unseres Wasserglases versammelt haben. Bald geht es denen oben wie auch denen unten im Glas versammelten Einzellern so schlecht, dass sie sich nicht (!) mehr vermehren können (weil entweder die Nährstoffe oder das Licht nicht mehr ausreicht). Dann geschieht das Wunder! Plötzlich, als ob es gleichzeitig oben und unten gefunkt hätte, fangen die Lebewesen an, aus ihren zwei unterschiedlichen Welten aufeinander zu zu schwimmen. Oben wird das Wasser klar, unten wird das Wasser klar, und alle versammeln sich in der Mitte.

Was sie dorthin treibt, haben die Mikrobiologen inzwischen herausgefunden: Die Einzeller oben und unten geben zu einem Zeitpunkt, wenn sozusagen »nichts mehr geht«, Lockstoffe ab, von denen die jeweils anderen unwiderstehlich angezogen werden. Beide Lager schwimmen dann der aus der jeweils anderen Welt kommenden Duftspur entgegen, und sie treffen sich zwangsläufig in der Mitte. Was sie dort treiben, erkennt man nur noch unter dem Mikroskop: Immer zwei, eine(r) von oben und eine(r) von unten legen sich aneinander. Dort, wo ihre Zellmembranen aneinanderstoßen und verschmelzen, entsteht eine Öffnung. Durch das entstandene Loch werden Bestandteile ihres Inneren ausgetauscht – und damit auch die in diesen Bestandteilen enthaltene Information, die ihnen ihre speziellen Fähigkeiten verliehen hat, entweder oben oder unten so besonders gut zurechtzukommen.

Der wundersame Austausch über die in zwei verschiedenen Welten gemachten Erfahrungen und die dort gesammelten Informationen ist leider rasch zu Ende. Die Partner trennen sich und jeder macht sich nun mit etwas weniger altem und etwas mehr neuem Wissen als vorher auf den Weg.

Vielen scheint diese Verschmelzung neue Möglichkeiten eröffnet zu haben. Sie kommen nun offenbar besser als vorher mit dem zurecht, was ihre kleine Welt oben oder unten im Wasserglas zu bieten hat – eine Zeitlang wenigstens, bis

es wieder zu eng wird und das erotische Treiben im Wasserglas von Neuem beginnt.

Es fällt nicht schwer, sich vorzustellen, wie diese noch sehr
ursprünglichen Formen der Verschmelzung und des Infor-
mationsaustausches im Lauf von Jahrmillionen immer weiter verfeinert und weiterentwickelt worden sind, bis am
Ende eben zwei (nicht drei oder vier) unterschiedliche Geschlechter entstanden. Die männlichen und weiblichen
Formen einer jeden Art versuchen seither, sich mit ihren jeweiligen geschlechtsspezifischen Strategien in der Welt zu
behaupten und werden, sobald ihnen das einigermaßen gelungen ist, von den Signalen der Liebe des jeweils anderen
Geschlechtspartners unwiderstehlich angezogen: dem be-
törenden Duft, dem wunderbaren Gesang, der bunt schil-
lernden Färbung, der beeindruckenden Statur oder dem
vielversprechenden Gehabe. So ist aus der ursprünglichen
erotischen Beziehung der geschlechtslosen Einzeller allmählich all das entstanden, was noch heute als erotisch-se-
xuelle Beziehung einen Mann und eine Frau dazu bringt,
die in ihren jeweiligen Lebenswelten gesammelten Erfahrungen auszutauschen und miteinander zu verschmelzen.
  Die sexuelle Fortpflanzung, bei der sich ein männliches
und ein weibliches Wesen derselben Art vereinigen müssen
(um ihre Gene auszutauschen), hat noch etwas Bemerkens-
wertes hervorgezaubert: nämlich die Fähigkeit, auch solche
Dinge in der Welt wahrzunehmen, die man für den »Kampf
ums nackte Dasein« gar nicht braucht. Schon die Insekten
mussten das als eine besondere Eigenschaft ihres Sexual-
partners sehen, hören oder riechen können. Jedes körperliche Merkmal, jede Entäußerung von Tönen oder Düften,
jede Verhaltensweise, also im Grunde jede Leistung und
jede Eigenschaft, die durch zufällige Veränderungen der genetischen Anlagen, durch Mutation oder Rekombination
entstanden war, konnte prinzipiell zu einem Signal für die
Partnerwahl werden.

Durch die sexuelle Selektion wurde es möglich, aus der natürlichen Variabilität der Ausprägung dieser betreffenden Leistungen und Eigenschaften innerhalb einer Population die entsprechenden Merkmale und Leistungen gezielt und innerhalb relativ kurzer Zeiträume »herauszuzüchten«. Das erfolgte zwangsläufig immer Hand in Hand mit den zur Wahrnehmung, Erkennung und Bewertung dieser betreffenden Merkmale erforderlichen rezeptiven und assoziativen Fähigkeiten des jeweils anderen Geschlechtspartners. In diesem ständig vorwärts schreitenden und sich immer wieder neu aufeinander abstimmenden koevolutiven Prozess konnten so nicht nur eine Vielzahl hochspezifischer Leistungen und ein vielfältiges Spektrum an geschlechtsspezifischen Merkmalen, sondern auch die diesen Leistungen und Merkmalen zugrunde liegenden genetischen Anlagen und Genkombinationen im Genpool der jeweiligen Arten verankert werden.

So bekam das eine Geschlecht immer wachere Sinne für die Signale der Liebe des anderen, und letzteres produzierte immer mehr und immer Betörenderes von dem, was ersteres so anzog und verlockte.

9. Die inneren Signale der Liebe

Die chemischen Signalstoffe, die von den Einzellern noch benutzt werden, um einander anzulocken, sich aneinander zu legen und sich auszutauschen, sind bei den aus diesen Einzellern später entstandenen Vielzellern, also bei Pilzen, Pflanzen, Tieren und auch beim Menschen weiter genutzt worden, um die im Inneren dieser vielzelligen Organismen ablaufenden zellulären Wechselbeziehungen zu lenken, zu steuern und zu koordinieren, um das Überleben und die Re-

produktion dieser zunehmend komplexer gewordenen Lebewesen zu sichern. Auf diese Weise sind aus den ursprünglich äußeren Signalen zum Zusammenfinden frei lebender Zellen innere Signale im Dienst des Zusammenwirkens der Zellen von vielzelligen Organismen geworden: Hormone, Transmitter, Mediatoren der interzellulären Kommunikation. Manche dieser Signalstoffe sind noch immer in besonderer Weise an der Steuerung der Partnerwahl und der Reproduktion beteiligt. Diese Substanzen selbst, aber auch synthetische Agonisten (Substanzen, die etwas in Gang setzen) oder Antagonisten (die die Wirkung der Agonisten hemmen) ihrer Rezeptorwirkung können benutzt werden, um einzelne an der Reproduktion beteiligte Prozesse, angefangen von der Libido bis hin zur Schwangerschaft, gezielt zu verstärken oder zu unterdrücken. Zu diesen inneren Signalstoffen im Dienst der Steuerung von Reproduktion, Sexualität, Partnersuche und Partnerbindung gehören die Sexualsteroide (*Dehydroepiandiosteron, Testosteron, Östrogen, Progesteron*), bestimmte biogene Amine (vor allem *Phenylethylamin* und *Dopamin*) und Peptidhormone (*Prolaktin, Oxytocin* und *Vasopression*) sowie die als Regulatoren der Produktion und Sekretion gonodaler Hormone wirksamen Release-Faktoren.

Das *Dehydroepiandrosteron* (DHEA) ist als Vorstufe der Sexualsteoride gewissermaßen die »Mutter aller Steroidhormone«. Falls die Ergebnisse von Tierversuchen auf den Menschen übertragbar sind, wäre DHEA an der Regulation von Geschlechtstrieb, Orgasmus und sexueller Anziehung beteiligt. Derivate des DHEA wirken zudem als »äußere« Lockstoffe, als sogenannte Pheromone, und steuern bei Tieren die Balz und die Paarung in ganz entscheidender Weise.

Testosteron erhöht – sowohl bei Männern wie auch bei Frauen – die Libido, fördert die Initiative und ist in gewisser Weise ein Signalstoff für den aggressiven, beherrschenden

Geschlechtstrieb. *Östrogen* lässt sich im weitesten Sinn als ein innerer Signalstoff verstehen, der die Ausbildung weiblicher Merkmale fördert. Es löst eine gewisse Weichheit aus, körperlich wie seelisch, und verstärkt so die Anziehungskraft von Frauen auf Männer. *Progesteron*, das andere am weiblichen Menstruationszyklus beteiligte Sexualhormon, unterdrückt die Ausschüttung und Wirkung von Testosteron, und damit sexuelles Verlangen.

Von den biogenen Aminen spielt das *Phenylethylamin* (PEA) offenbar eine besondere Rolle. Es ist eine mit den Amphetaminen verwandte Substanz und bewirkt daher Zustände, die sich zum Teil auch mit Kokain auslösen lassen: ein euphorisches, über den Wolken schwebendes Gefühl, fast wie beim Verliebtsein.

Dopamin, ein anderes biogenes Amin, wird immer dann verstärkt im Gehirn ausgeschüttet, wenn ein Problem erfolgreich bewältigt werden kann. Es ist an der Konsolidierung von Erinnerungen beteiligt und trägt auf diese Weise zur Festigung erfolgreicher Strategien der Partnersuche und der Partnerbeziehung bei. Dopamin steuert auch die Freisetzung des Peptidhormons *Prolaktin*, das, wie die beiden anderen Peptidhormone *Oxytocin* und *Vasopression* im weitesten Sinne als »Bindungshormon« bezeichnet wird. Alle drei Hormone spielen eine besondere Rolle bei der Ausbildung der emotionalen Bindung primär zwischen Mutter und Kind, aber auch später zwischen Mann und Frau.

Es gibt noch eine ganze Reihe weiterer Signalstoffe, die direkt oder indirekt an der Regulation der Partnersuche, der Partnerbindung, der Sexualität und der Reproduktion beteiligt sind, wie zum Beispiel die körpereigenen Opiate, das Stickstoffmonoxid, die klassischen Neurotransmitter, Prostaglandine, Interleukine, und so weiter.

Wenn in populärwissenschaftlichen Darstellungen bisweilen der Eindruck erweckt wird, wir Menschen seien von

diesen Hormon- und Signalstoffen gesteuert, so macht das
nur deutlich, wie sehr unser Denken noch immer von einfachen, aus der Funktionsweise von Maschinen abgeleiteten, monokausalen Vorstellungen geprägt ist. Bei all diesen
Substanzen und ihren Wirkungen handelt es sich um Komponenten eines komplizierten Netzwerkes von Signalstoffen und deren Wirkungen, das in einem evolutionären Prozess entstanden und optimiert worden ist. Sie sind nicht die
Erzeuger, sondern sie stehen im Dienst dieses komplexen
Phänomens, das wir Liebe nennen.

10. Das Spiel mit den Signalen der Liebe

Die mit der Partnerwahl einhergehende sexuelle Selektion
hat im Verlauf der Evolution nicht nur vielfältige Leistungen, wie die Absonderung von bestimmten Duftstoffen
(vor allem bei den Insekten) die Ausbildung von bestimmten Gesangsleistungen und Gefiederfärbungen (vor allem
bei den Singvögeln) oder von bestimmten Verhaltensweisen und Balzritualen (vor allem bei den Säugetieren) in den
jeweiligen artspezifischen Anlagen verankert. Sie hat gleichzeitig auch zu einer gezielten Auszucht der zur Erkennung,
Bewertung und Beantwortung dieser »Signale der Liebe«
und der dazu erforderlichen Sinnesleistungen zentralnervö-
sen Verarbeitungsmechanismen geführt, beziehungsweise
der genetischen Anlagen, die diesen Leistungen zugrunde
liegen.

Die mit der Wahrnehmung eines solchen Signals einhergehende Aktivierung spezifischer Sinnesrezeptoren, die Wei-
terleitung dieser Erregung über sensorische Nervenbahnen
und die Verarbeitung dieser Eingänge in den jeweiligen
sensorischen Bereichen des Gehirns – das sind beim Men-

schen die sensorischen und multimodalen assoziativen Areale der Großhirnrinde – ist relativ gut untersuchbar. Das Gleiche gilt für die Aktivierung der prämotorischen Rinde im Zusammenhang mit der Vorbereitung – und der verschiedenen motorischen Areale bei der Initiation – einer Handlung oder einer Reaktion, die als Antwort auf das betreffende sensorische Signal in Gang gesetzt wird.

Schwieriger untersuchbar und erst seit einigen Jahren näher in den Focus neurobiologischer Forschungen gerückt sind all jene Prozesse, die an der *Bewertung* der wahrgenommenen Signale und an der *Entscheidung über die Antwort* auf dieses Signal beteiligt sind. Hier spielt die Aktivierung älterer, vor allem limbischer Bereiche des Gehirns und die mit dieser Aktivierung einhergehende Generierung eines bestimmten Gefühls eine besondere Rolle. Die Wahrnehmung eines anderen Menschen kann ein Gefühl von Lust, Anziehung oder Verbundenheit, aber auch von Irritation, Angst oder Ablehnung erzeugen, je nachdem, welche Erfahrungen ein Mensch in der Begegnung mit diesem oder einem anderen, ähnlichen Menschen im Lauf seiner bisherigen Lebensgeschichte bereits gemacht hat. Diese Erfahrungen sind in Form entsprechender Verschaltensmuster in den assoziativen Bereichen des Großhirns verankert. Wenn diese Prägungen sehr früh und mit starker emotionaler Beteiligung erfolgen, werden diese assoziativen Netzwerke immer auch mit den dabei aktivierten emotionalen Netzwerken in einzelnen Bereichen des limbischen Systems verbunden. Da die verschiedenen Bereiche des limbischen Systems ihrerseits wieder eng mit vegetativen Regelkreisen zur Steuerung einzelner Körperfunktionen verbunden sind, führt die Wahrnehmung eines bestimmten Signals, das von einem anderen Menschen ausgeht, oft zu einem intensiven körperlichen Gefühl. So bekommt man bei der Begegnung mit einem attraktiven Partner Herzklopfen, Schmetterlinge im Bauch oder eine kribbelnde Gänsehaut. Ein abstoßen-

der Partner, der eher mit unerfreulichen Erfahrungen asso-
ziiert wird, löst entsprechend andere körperliche Reaktionen aus. Anhand dieser meist völlig unbewusst hervorgerufenen und wahrgenommenen »somatischen Marker« trifft
der betreffende Mensch dann normalerweise seine Entscheidung. Erst dann kommt es zur Aktivierung eines entsprechenden handlungsleitenden Erregungsmusters – und
im einen Fall zu Annährungs-, im anderen Fall zu Abgrenzungsversuchen.

Aber auch für die im Verlauf dieser Wahrnehmungs-, Ent-
scheidungs- und Beantwortungsprozesse stattfindenden
und inzwischen mit funktioneller Computertomographie
auch darstellbaren und messbaren Aktivierungen einzelner
Bereiche des Gehirns gilt das Gleiche wie für die hormonellen Veränderungen: Sie sind nicht die Erzeuger des Phänomens, sondern sie stehen im Dienst dieses wunderbaren
Phänomens, das wir Liebe nennen.

Die Entwicklung immer feinerer und immer komplexerer
Signale, Wahrnehmungsorgane und Verarbeitungsmechanismen zum Zweck der Zusammenführung der Sexualpartner hat die Voraussetzungen dafür geschaffen, dass sich
etwas ausbilden konnte, was wegen seiner Tragweite nun
wahrscheinlich wirklich die größte Frucht der Liebe geworden ist: Die Paarbildung als Voraussetzung für die Entwicklung der Familie und damit der Bindung zwischen Eltern
und ihren Kindern. Hand in Hand mit dieser Eltern-Kind-
Bindung vollzog sich eine atemberaubende Zunahme der
geistigen, emotionalen und sozialen Potenzen derjenigen
Lebewesen, bei denen diese Bindung am intensivsten herausgebildet werden konnte. Als diese Entwicklungsstufe
erreicht wurde, war bereits eine bisher nie da gewesene Stufe
der Komplexität der Lebenswelt entstanden. Sie war gekennzeichnet durch eine enorme Vielfalt verschiedenartigs-
ter Veränderungen, Herausforderungen und Bedrohungen

und einer immer bedeutungsvolleren wechselseitigen Abhängigkeit der vielfältigen bis dahin entstandenen Lebensformen. Den Herausforderungen und Bedrohungen dieser komplexen Lebenswelt konnten die noch nicht in einer festen Nische gelandeten Arten nur durch die Fortentwicklung ihres sinnlichen Wahrnehmungs- und Verarbeitungssystems begegnen. Dieser gerichtete Evolutionsdruck führte zur Selektion genetischer Programme, die dafür sorgten, dass im Gehirn der diesem Druck am stärksten ausgesetzten Lebensformen (das waren offenbar die Vorfahren der heutigen Vögel und Säugetiere) immer komplexere Verschaltungen der Nervenzellen entstanden, die bei ihrer Geburt noch nicht endgültig festgelegt waren.

Der von den genetischen Programmen offen gehaltene, noch nicht festgelegte Anteil von Nervenverbindungen wurde erst nach der Geburt endgültig »verschaltet«. Wie diese Verbindungen tatsächlich miteinander und mit den älteren, bereits fest verdrahteten Nervennetzen des Gehirns verknüpft wurden, hing nun auf einmal von den »Erfahrungen« ab, die das Neugeborene bei der Bewältigung von Herausforderungen und Bedrohungen in seiner realen Lebenswelt machte. Ein immer größer werdender Teil der im Gehirn angelegten Verschaltungen konnte aber von den genetischen Programmen nur bei solchen Arten offen gehalten werden, die imstande waren, ihren Nachkommen hinreichend Schutz vor äußeren Bedrohungen zu bieten. Und das gelang nur denen, die eine enge Bindung des Elternpaares und eine hinreichend enge Bindung zwischen den anderen Mitgliedern der Familie, der Großfamilie, der Horde entwickelt hatten. War die Bindung zwischen den erwachsenen Mitgliedern der Horde stark genug, um die Gefahren und Bedrohungen abzuwenden, denen ihre Nachkommen mit ihrem noch nicht ausgereiften Gehirn ausgesetzt waren, so konnten sich über Generationen hinweg solche genetischen Anlagen stabilisieren, die ein immer lernfähigeres Gehirn hervorbrachten. Wurden

die egoistischen Selbstbehauptungsinteressen oder auch der äußere Druck auf die Gemeinschaft der Erwachsenen zu groß, um ihren Nachkommen den erforderlichen Schutz zu bieten, konnten nur diejenigen Nachkommen überleben, deren Hirnentwicklung strenger genetisch und deren Verhalten stärker von angeborenen Instinkten gelenkt wurden. Sie merken, jetzt nähern wir uns der Frage, was Freiheit bedeutet und wie sie entsteht …

Da wir ein zeitlebens lernfähiges Gehirn besitzen, muss es unseren frühen Vorfahren immer wieder gelungen sein, das Band, das sich als erotische Beziehung zwischen Mann und Frau spannte, zu erhalten und zu festigen. Ebenso müssen sie es verstanden haben, das zweite, noch viel wichtigere Band immer fester und haltbarer zu machen. Es muss ihnen gelungen sein, das Gefühl einer engen Bindung zwischen den Mitgliedern ihrer Familie, ihrer Großfamilie, ihres Stammes und ihrer immer größer werdenden Gemeinschaft in die Gehirne ihrer Nachkommen einzugraben. Nur so konnten wir werden, was wir bis heute sind: Lebewesen, die ihre individuellen Begabungen und Talente zur Entfaltung bringen.

11. Partnerwahl und Paarbildung

Wie diese Spurensuche nach den biologischen Grundlagen der Liebe deutlich macht, ist es prinzipiell unmöglich, ein solch komplexes Phänomen wie die Liebe mit den theoretischen Ansätzen und den methodischen Mitteln einer einzelnen wissenschaftlichen Disziplin auch nur annähernd zu erfassen. Der Biologe, Anthropologe und Mediziner Hans-Rainer Duncker hat das in einem seiner Aufsätze mit Worten zum Ausdruck gebracht, denen an dieser Stelle nichts weiter hinzuzufügen ist:

Bemerkenswerterweise tun sich alle wissenschaftlichen Disziplinen mit der Behandlung des Phänomens »Liebe« schwer. In ihrer Beziehung kommen zwei hochdifferenzierte Personen, die sich in einem langen sozio-kulturellen Entwicklungsprozess ausgebildet haben, erst nach einem in der Regel sehr langzeitigen Prozess der Annäherung und des Vertrautwerdens schließlich dazu, alle sozialen Tabus zu durchbrechen und, wie es biblisch so klar heißt, sich zu erkennen. Dieses Erkennen in der Paarbeziehung umfasst die ganze Vielschichtigkeit unserer Organsysteme von ihren zellulären und hormonellen Steuerungen bis zu den speziellen Funktionen der verschiedenen Organe bei Kontakt und Vereinigung, gesteuert von der visuellen Erscheinung des Körpers, dem Geruchssinn und dem Einsatz der gesamten Hautoberfläche als intimem Kontaktorgan, über die Körpersprache und die spezifische sprachliche Kommunikation. Sie umfasst den Austausch über die sehr differenzierten körperlichen und geistigen Fähigkeiten, über spezifische Vorlieben und Abneigungen, über Emotionen, Phantasien und Gedanken, über die angesammelten Kenntnisse und Vorstellungen bis zu den beruflichen Fähigkeiten und Positionen. Und nicht zuletzt wird diese Beziehung dann durch die Herkunft aus der gleichen ethnischen Gruppe, durch die gemeinsame Verpflichtung auf bestimmte kulturelle Verhaltensweisen und Traditionen und durch die Zugehörigkeit zu einer bestimmten religiösen Glaubensrichtung gefestigt. Erst das Zusammenspiel aller dieser Elemente bildet die Grundlage der menschlichen Paarbeziehung und -bindung, die auf diese Weise sämtliche Schichten der körperlichen und kulturellen Struktur der beiden Personen umfasst.

(Duncker, Die Kulturfähigkeit des Menschen. Vorstellungen einer evolutionsbiologischen Anthropologie. In: »Spiegel der Forschung«, Bd 17, Nr. 2, 22 – 37, 2000.)

Diese Vorstellungen gehen freilich weit über das hinaus, was die Neurobiologen mit Hilfe ihrer modernen bildgebenden Verfahren zu messen und darzustellen imstande sind.

Seit einigen Jahren näher in den Focus neurobiologischer Forschungen gerückt und auch hinreichend gut messbar sind inzwischen sind all jene Prozesse, die an der Bewertung eines Partners/einer Partnerin, der von ihm oder ihr wahrgenommenen Signale und an der Entscheidung über die Antwort auf diese Signale beteiligt sind. Hier spielt die Aktivierung älterer, vor allem limbischer Bereiche des Gehirns und die mit dieser Aktivierung einhergehende Generierung eines bestimmten Gefühls eine besondere Rolle. Die Gefühle, die mit der Wahrnehmung eines anderen Menschen einhergehen, hängen davon ab, welche Erfahrungen ein Mensch im Lauf seiner bisherigen Lebensgeschichte bereits gemacht hat. Diese Erfahrungen sind in Form entsprechender Verschaltensmuster in den assoziativen Bereichen des Großhirns verankert, und wie wir oben gesehen haben, können diese Gefühle sehr intensive körperliche, somatische Reaktionen auslösen, angenehme oder unangenehme. Diese unbewusst hervorgerufenen somatischen Kennzeichen bringen den Menschen dazu, im einen Fall mit Annäherungs-, im anderen Fall mit Abgrenzungsversuchen zu reagieren. Gelingt die Annäherung und ist sie gegenseitig, kommt es zur Paarbindung.

Der Zustand der Verliebtheit ist Ausdruck eines starken Gefühls, an dessen Zustandekommen all diese bisher beschriebenen neuronalen Aktivierungsprozesse und die damit einhergehende vermehrte Produktion und Ausschüttung bestimmter Botenstoffe natürlich beteiligt sind. Aber die Kenntnis dieser auf der physiologischen Ebene messbaren Veränderungen trägt in keiner Weise zur Beantwortung der Frage bei, wer sich aus welchen Gründen in wen ver-

liebt und wie lange der damit einhergehende Gefühlszustand andauert. Die biologische Funktion von Emotionen besteht darin, unseren Wahrnehmungen und Gedanken Bedeutsamkeit zu verleihen und uns so »in Bewegung« zu bringen. Um zu verstehen, weshalb so eine innere Bewegtheit angestoßen wird, müsste man herausfinden, was einem Menschen, der sich in einen anderen verliebt, dabei wirklich bedeutsam ist. Die etwas ernüchternde Antwort auf diese Frage lautet: er hofft, in dem Anderen etwas zu finden, was ihm selbst fehlt. Wer in diesem Zustand des Verliebtseins gerät, ist also eigentlich ein Bedürftiger: er erhofft sich Nähe und Verbundenheit, Anerkennung und Zuwendung, Bedeutung und bisweilen sogar Sinngebung seiner eigenen Existenz durch einen anderen Menschen. Und je stärker die betreffende Person bisher unter dem Mangel an all dem gelitten hat, desto intensiver erlebt sie dieses Gefühl der Verliebtheit, wenn sie einem anderen Menschen begegnet, der ihr geeignet erscheint, diese eigenen ungestillten Sehnsüchte zu stillen. Das erzeugt eine starke Anziehungskraft und ein entsprechend starkes Gefühl, das noch weiter gesteigert wird, wenn das Objekt der Verliebtheit, also der oder die Andere, die gleichen Sehnsüchte in sich trägt und ebenfalls in der Beziehung zu stillen hofft.

So verleiht die Verliebtheit einer Beziehung einen bisweilen enorme Intensität, aber nicht zwangsläufig auch Stabilität. Denn die Verliebtheit verwandelt sich sehr schnell in Ernüchterung, womöglich sogar Ablehnung und Hass, wenn das Objekt der Verliebtheit sich als ungeeignet erweist, die in sie oder ihn gesetzten Erwartungen zu erfüllen.

Liebe ist etwas anderes. Liebe ist kein Gefühl. Liebe ist eine innere Einstellung, zu der manche Menschen über den Zustand der Verliebtheit finden. Das gelingt freilich nicht allen, denn es setzt voraus, dass der oder die Andere irgendwann nicht mehr als Objekt zur Überwindung eigener Bedürftigkeit benutzt wird.

Es setzt voraus, dass man von dem Partner nichts erwartet, dass man ihn oder sie nicht länger zur Überwindung der eigenen Bedürftigkeit benutzt. Lieben kann deshalb nur jemand, der selbst mit beiden Beinen im Leben steht, der nicht mehr an seinem ungestillten Bedürfnis nach Verbundenheit einerseits und nach autonomer freier Lebensgestaltung andererseits leidet. Ein Liebender kann deshalb nur werden, wer in seinem Leben Gelegenheit hatte zu erfahren, dass er so, wie er ist, gemocht wird, dass er dazugehört und gleichzeitig autonom und frei sein darf. Um ein Liebender werden zu können, muss man also zumindest als Kind selbst geliebt worden sein.

Diese Erfahrung wird im Frontalhirn verankert und kann später in der engen Beziehung zu einem anderen Menschen erneut aktiviert, verstärkt und dann auch für sich selbst bewusst gemacht werden. So entsteht aus den dabei in der präfrontalen Rinde gleichzeitig aktivierten und dabei miteinander verkoppelten emotionalen und kognitiven Netzwerken eine durch eigene Erfahrungen heraus geformte innere Haltung oder Einstellung, eben die eines beziehungsweise einer Liebenden.

Diese Haltung bestimmt die Bewertungen, lenkt die Aufmerksamkeit und steuert das Denken, Fühlen und Handeln der betreffenden Person, also auch ihr Verhalten. Personen, die diese Haltung eines oder einer Liebenden heraus geformt haben, schaffen sich selbst auf diese Weise immer wieder Erfahrungsräume, in denen ihre Haltung durch entsprechende Erfahrungen weiter verstärkt wird. Wenn das in einer Partnerschaft beiden Lebenspartnern gelingt, bilden diese gemeinsam gemachten Erfahrungen die Grundlage für eine stabile Paarbeziehung, in der jeder der beiden Partner immer wieder neu fühlt und erkennt, dass er in dieser Beziehung beides gleichzeitig sein darf: zutiefst verbunden und absolut frei.

Nicht immer sind heterosexuelle Paare in dieser Weise miteinander verbunden, bevor sie miteinander ein Kind zeugen und zu Eltern werden. Aber oft ist es ein gemeinsam gezeugtes Kind und die Erfahrung der Elternschaft, die ganz wesentlich dazu beitragen, dass das emotionale Band, das diese Eltern verbindet, gefestigt wird.

12. Die Kinder der Liebe

Jedes Kind, das geboren wird, bringt die Erfahrung der Liebe bereits mit auf die Welt. Wir können zwar nicht erkennen, geschweige denn messen, ob ein Neugeborenes seine Eltern und das Leben liebt, aber alles, was sie uns zeigen, spricht dafür, dass unsere Kinder als Liebende geboren werden. Nicht mit einer bewussten, reflektierten und reifen Haltung, wie wir sie als Erwachsene entwickeln können; eher mit einer inneren Veranlagung, einem in ihrem Gehirn bereits verankerten und ihre Verhaltensreaktionen lenkenden Grundmuster.

Die Entwicklungsneurobiologen haben in den letzten Jahren herausgefunden, dass sich das kindliche Gehirn vor der Geburt anhand der aus dem eigenen Körper und aus dem der Mutter eintreffenden Signalmuster strukturiert. Und es stellt sich die Frage, welche vorgeburtlichen Erfahrungen im kindlichen Gehirn dazu führen, dass dort genau jene neuronalen Verschaltungsmuster herausgeformt werden, welche die Liebesfähigkeit eines neugeborenen Kindes bestimmen.

Unabhängig davon, wie jede Schwangerschaft im einzelnen verläuft, erlebt jedes Ungeborene, dass es größer wird, dass es eine Fähigkeit nach der anderen erwirbt und jeden Tag ein kleines Stück über sich hinauswächst. Gleichzeitig

ist es in diesem eigenen Wachstums- und Entwicklungsprozess aufs Engste mit der Mutter verbunden. Diese unbewusste Erfahrung wird tief im Gehirn verankert. Deshalb machen sich alle Neugeborenen mit der Erfahrung auf den Weg, dass Verbundenheit und eigenes Wachsen gleichzeitig möglich ist. Auch wenn es ihnen nicht bewusst ist, bestimmt diese Erfahrung, was sie fortan suchen: dass es so weiter geht, dass sie auch weiterhin in enger Verbundenheit wachsen und neue Erfahrungen machen, Kompetenzen erwerben und Eigenständigkeit erlangen.

Das Neugeborene sucht sofort nach Nähe und Geborgenheit, um sein Bedürfnis nach Verbundenheit zu stillen. Deshalb tut das Baby auch, was es kann, damit die Liebe gelingt.

Es tut, was es kann, ohne sich dabei anstrengen zu müssen. Das ist das Besondere an der Art und Weise, wie Kinder ihre Eltern lieben. Sie müssen sich keine Mühe geben oder in alte Verhaltens- und Bewertungsmuster zurückzufallen: sie haben noch keine im Gehirn gebahnten Gewohnheiten und Vorurteile herausgebildet. Sie haben auch, zumindest ganz am Anfang, noch keine schlechten Erfahrungen gemacht. Misstrauen kennen sie noch nicht, deshalb brauchen sie es auch nicht zu unterdrücken oder zu überwinden. Sie können einfach so sein, wie sie sind. Und sie gehen davon aus, richtig zu sein, so wie sie sind. Bereits vor der Geburt hat jedes Kind nicht nur erlebt, wie es im Bauch der Mutter sicher und geborgen war. Es lernt mit jedem Tag auch seine Mutter besser kennen. Es hört das Rauschen des Blutes in den Adern, die Geräusche des Magens und des Darms, es spürt den Herzschlag. Mit jedem Schluck vom Fruchtwasser erfährt das Ungeborene, was die Mutter gerne isst und trinkt. Das Fruchtwasser enthält Pheromone; diese Duftstoffe werden auch von der Haut der Mutter, besonders von ihren Brustwarzen, abgesondert. Aromastoffe gelangen ebenfalls in das Fruchtwasser: Deshalb mögen Neuge-

borene, deren Mütter während der Schwangerschaft zum Beispiel gern Zimtplätzchen gegessen haben, den Duft von Zimt oder auch den von Knoblauch besonders gern. Das Kind findet auch in der Muttermilch einen Geschmack, den es schon aus seinem vorgeburtlichen Leben kennt. Es hat bereits als ungeborenes Kind gelernt, wie die Milch seiner Mutter schmeckt.

Natürlich kennt auch jedes Neugeborene das Gefühl des Schaukelns; Kinder lieben es, im Arm gewiegt zu werden. Manche mögen es heftiger, manche vorsichtiger, je nachdem, wie sich die Mutter auch schon während der Schwangerschaft am liebsten bewegt hat. Vertraut ist allen Neugeborenen auch die mütterliche Stimm-Melodie und die von ihr gesungenen Lieder. Inzwischen haben Forscher sogar herausgefunden, dass ein Baby einer deutschsprachigen Mutter deutsche Laute lieber mag als die einer anderen Sprache. Deshalb lernen deutsche Babys am leichtesten Deutsch und die Kinder chinesischer Mütter am besten Mandarin.

All diese bereits vorgeburtlich gemachten Erfahrungen führen dazu, dass jedes Kind seine Mutter nach der Geburt in dieser fremden Welt sofort wiedererkennt und sich bei seiner Mutter sicher und geborgen fühlt. Weil sie ihm schon so sehr vertraut ist.

Das spätere Aneinandergewöhnen bleibt dennoch kompliziert und verträgt weder Aufregung noch Verwirrung. Sich zu lieben, das wird sehr schnell klar, heißt eben für beide, für das Baby wie auch für seine Eltern, sich aufeinander einlassen, sich aufeinander verlassen zu können.

Liebende müssen behutsam sein und vorsichtig, wenn sie das Strohfeuer einer anfänglichen Begeisterung nicht ersticken wollen. Das Vertrauen muss wachsen, es speist sich aus der Erfahrung, dass die Dinge gut sind.

Die Natur hat eine ganze Reihe von Sicherungen erfunden, die dafür sorgen, dass Eltern ihre Kinder lieben müssen. Sie können gar nicht anders. Schon während der Schwangerschaft bereiten Hormone die werdende Mutter

auf die Geburt vor. In der Geburtsphase schüttet der Körper *Oxycotin* aus; es bringt Gebärmutterkontraktionen in Gang und kann ekstatische Glücksgefühle auslösen. *Oxycotin* ist das Liebeshormon, es wird beim Stillen ausgeschüttet wie auch beim Orgasmus.

Und auch das Baby tut, was es kann, damit die Liebe gelingt. Es schenkt der Mutter ein umwerfendes Lächeln, wenn sie sich so verhält, wie es das Kind erwartet. Für dieses Geschenk muss sich die Mutter so weit herunterbeugen, dass zwischen ihr und ihrem Baby keine 25 Zentimeter Abstand sind, weil Neugeborene nur in dieser Entfernung scharf sehen. So erzwingen sie Nähe.

Wenn sie sich verlassen fühlen, haben sie Todesangst. Und nur ein Lächeln kann sie erlösen. Die beruhigende Versicherung, dass alles gut ist. So lernt ein Kind, mit jeder Faser seines Körpers, dass sein Fühlen wahrgenommen wird. Dass es richtig ist. Und wichtig. Die Liebe hält es am Leben.

Nie wieder im Leben ist ein Mensch so neugierig und offen wie ganz am Anfang. Es gibt so viel Aufregendes zu entdecken, die Augen wissen gar nicht, wohin sie zuerst schauen sollen, soviel ist zu sehen, soviel muss begriffen werden. Die Eltern kümmern sich um ihr Kind, damit das Kind sich um die Welt kümmern kann. Es kann gar nicht anders. Es sammelt so viele Informationen, wie es bekommen kann. In den ersten drei Monaten lernen Babys mehr als später Studierende in vier Jahren Uni.

Nie wieder ist ein Mensch in der Lage, sich so vorbehaltlos hinzugeben wie ein Baby in den Armen seiner Eltern. Nie wieder ist ein Mensch so begeisterungsfähig und lebensbejahend.

Die genetischen Anlagen legen nicht fest, wie die Milliarden von Nervenzellen sich im entwickelnden Gehirn miteinander vernetzen sollen. Sie sorgen lediglich dafür, dass zunächst ein Überschuss an Nervenzellen bereitgestellt wird. Mit jeder Erfahrung, die ein Kind macht, entscheidet

sich, welche dieser Nervenzellvernetzungen stabilisiert werden, welche erhalten bleiben und welche verkümmern.

Die ersten Signale, die in den zuerst herausgeformten, älteren Bereichen des Gehirns eintreffen, melden den Stand des Entwicklungsprozesses: so »lernt« das Gehirn gewissermaßen schon anhand der aus dem Körper des ungeborenen Kindes eintreffenden Signalmuster, welche der im Überschuss bereitgestellten Nervenzellen und Nervenzellverknüpfungen tatsächlich »gebraucht« und regelmäßig aktiviert werden. Und es »lernt« dabei auch, welche Antwortmuster geeignet sind, diese Signale so zu verarbeiten, dass es zu keinen Störungen der weiteren Entwicklung innerhalb des Körpers oder des Gehirns kommt. Diese Netzwerke werden stabilisiert und bleiben erhalten. Der Rest wird wieder abgebaut und verschwindet.

So kommt jedes Kind als unverwechselbares Wesen auf die Welt, mit einem Gehirn, das sehr gut darauf vorbereitet ist, optimal reagieren zu können auf alles, was in und mit seinem Körper passiert. Und mit dessen Hilfe es auch fähig ist, eine gute Beziehung zur Mutter aufzubauen. Die Herausbildung einer solchen Sicherheit bietenden Bindung ist entscheidend dafür, dass ein Neugeborenes die von ihm mitgebrachte und in seinem Gehirn angelegte Offenheit für alle möglichen Erfahrungen nicht verliert. Sicher gebundene Kinder erkennt man daran, wie aufmerksam und interessiert sie die kleinen und großen Dinge um sie herum entdecken und studieren. Wie sie Codes entschlüsseln, Geheimnisse aufdecken, das Leben lernen. Immer mit der Gewissheit, dass ihnen jemand zur Seite steht und Hilfe bietet.

Um den Umgang mit Gefühlen zu lernen und Vertrauen zu entwickeln, müssen Kinder die Erfahrung machen: ich bin wichtig. Dieses Lernen gelingt nur im Schutz einer feinfühligen Person. Kleine Kinder suchen ständige Bestätigung, dass gut ist, was sie tun.

Jede neue Entdeckung, jede neue Erkenntnis und jede neue Fähigkeit löst im Gehirn von Kindern einen für uns

Erwachsene kaum noch nachvollziehbaren Sturm der Begeisterung aus. Diese Begeisterung über sich selbst und
über all das, was es noch zu entdecken gibt, ist der wichtigste »Treibstoff« für ihre weitere Hirnentwicklung.

Sicher gebundene Kinder erleben jeden Tag ganze Serien
solcher Begeisterungsstürme. Bei jeder Entdeckung, die ihnen unter die Haut geht, werden die emotionalen Zentren
in ihrem Mittelhirn aktiviert. Dann setzen diese Zellgrup-
pen vermehrt sogenannte neuroplastische Botenstoffe frei:
sie wirken wie Dünger auf die aktivierten neuronalen Netzwerke und bringen Nervenzellen dazu, all jene Eiweiße vermehrt herzustellen, die für das Auswachsen neuer Fortsätze
und für die Neubildung und Stabilisierung von Nervenzell-
kontakten gebraucht werden. Deshalb lernt jedes Kind all
das besonders gut, worüber es sich begeistert. Und Begeisterung entsteht nur, wenn etwas wichtig ist, wenn etwas für
das betreffende Kind Bedeutung hat.

Es ist für Kinder ein Glück, im Tun mit anderen sich selbst
zu entdecken. Wem diese Erfahrung verwehrt bleibt, der
wird es später schwer haben. Ihr tiefes Bedürfnis nach Verbundenheit können solche Kinder dann nicht im gemeinsamen Schaffen, sondern nur in einer engen personalen Beziehung mit den ihnen wichtigen Bezugspersonen stillen.
Sie versuchen dann alles, um deren Aufmerksamkeit auf
sich zu lenken. Sie folgen ihren Eltern auf Schritt und Tritt
und suchen ständig ihre Nähe, um Sicherheit zu erfahren.
Wenn sie älter werden, spüren sie aber, dass diese enge Beziehung sie an der Entfaltung ihrer eigenen Möglichkeiten
behindert. Sie fühlen sich zunehmend eingeengt und unfrei:
auf diese Weise können sie ihr zweites angeborenes Grund-
bedürfnis nach Wachstum, Autonomie und Freiheit nicht
stillen. Im Gehirn des Kindes haben solche ungünstigen
Erfahrungen nachhaltige Folgen. Die Verknüpfungen der
Nervenzellen in ihrem Frontalhirn müssen ja erst noch ausgebildet und stabilisiert werden. Das kann nicht gelingen,

wenn Chaos herrscht. So entstehen nicht nur Schwierigkeiten beim Lernen. So wird auch der Erwerb der im Frontalhirn verankerten Frontalhirnfunktionen und Metakompetenzen verhindert: Die Fähigkeit, Impulse zu kontrollieren. Frust zu ertragen. Handlungen zu planen. Die Folgen seines Tuns abzuschätzen, sich in andere Menschen hineinzufühlen, Verantwortung zu übernehmen und Aufmerksamkeit auf eine Sache zu lenken.

Diese entscheidenden Fähigkeiten erwerben Kinder nur durch eigene Erfahrungen, beim Lösen von Problemen und der Bewältigung von Herausforderungen.

Diese für Kinder so wichtige, hirngerechte und sinnvolle Arbeit findet statt, wo wir sie am wenigsten vermuten: im Spiel. Dort, im spielerischen Umgang mit den Problemen, die wir Erwachsene unseren Kindern gewollt oder ungewollt bereiten, bereiten sich Kinder auf das Leben vor. Dort erwerben sie neue Fähigkeiten, dort machen sie ihre wichtigsten Erfahrungen. Im Spiel begegnen sie anderen Kindern, mit denen sie sich verbunden und denen sie sich zugehörig fühlen. Sie lernen, Konflikte zu lösen und gemeinsam neue Herausforderungen zu meistern.

Dabei ist es wichtig dass es Eltern oder andere wichtige Vorbilder gibt, die all das, was das Kind erlernen könnte, schon können. Wäre niemand da, der bereits auf zwei Beinen gehen und sprechen kann, der singt, tanzt, schwimmt oder im Garten herumtollt, würde kein Kind all das lernen können. Es ist gut, dass es im Gehirn diese wunderbaren Spiegelneuronen gibt, mit deren Hilfe das Kind in der Lage ist, sich bestimmte Bewegungsmuster und Verhaltensweisen von anderen abzuschauen und im Inneren so gut nachzuvollziehen, dass sich die für diese Leistungen verantwortlichen Vernetzungen der Nervenzellen bereits herauszubilden beginnen, bevor es diese Bewegungen und Handlungen selbst ausführt.

Damit all das auch wirklich gelingt, muss jemand da sein, der dem Kind wichtig ist. Mit dem es sich emotional so eng

verbunden fühlt, dass es all das, was die anderen bereits können, auch selbst lernen will. Jeder Lehrer macht die Erfahrung, dass Schüler nur dann seinem Unterricht folgen, wenn
sie sich mit ihm verbunden fühlen Das tiefe Bedürfnis, dazugehören zu wollen, bringen alle Kinder mit auf die Welt.
Sie waren ja bis dahin aufs Engste verbunden. Und genauso
ist es mit diesem anderen, ebenso bereits vorgeburtlich in ihrem Gehirn verankerten Bedürfnis, die eigenen Möglichkeiten weiter zu erkunden und die Welt zu entdecken.

Deshalb wollen alle Kinder alles lernen, was sie brauchen, um auch weiterhin verbunden zu sein und um selbst
weiter wachsen und eigene Fähigkeiten erwerben zu können. Weil dieses Bedürfnis so tief in ihnen und in ihrem Gehirn verankert ist, entwickeln sie einen so beeindruckend
starken Willen, sich Schritt für Schritt all das anzueignen,
was dazu beiträgt, dieses Bedürfnis zu stillen.

Und alle Kinder sind, solange ihnen das gelingt, davon
überzeugt, dass es möglich ist, gleichzeitig verbunden zu
sein und mit jeder neuen Entdeckung, mit jeder selbst gemachten Erfahrung auch gleichzeitig ein Stückweit über
sich hinauszuwachsen und dabei immer autonomer und
schließlich auch immer freier zu werden.

Und je häufiger ein Mensch, zunächst als Kind, später als
Jugendlicher und schließlich als Erwachsener die Erfahrung in seinem Leben machen und in seinem Frontalhirn
verankern konnte, dass es möglich ist, gleichzeitig verbunden zu sein und frei, desto stärker erwächst aus dieser Erfahrung eine innere Einstellung, eine Haltung, eben die eines Menschen, der sich selbst, der das Leben und alles, was
er hervorgebracht hat, liebt.

Die Liebe ist also kein Kind der Freiheit und die Freiheit
ist kein Kind der Liebe, sondern die Liebe entsteht erst aus
der Erfahrung, dass ein Leben in Verbundenheit und Freiheit möglich ist.

| Die Fähigkeit zu lieben ist die Lösung, die die Evolution des Lebendigen gefunden hat, um lebendige Wesen aus dem Dilemma zu befreien, in dem alle Lebensformen gefangen sind: gleichzeitig mit allen anderen verbunden zu bleiben, obwohl sich die Welt in die jede einzelne Lebensform hineinwächst, ständig verändert und jedes Lebewesen dazu gezwungen wird, eigene Antworten auf diese Veränderungen zu finden, sich also ständig weiterzuentwickeln, dabei anders als die Anderen zu werden und deshalb die Verbindung zu den Anderen immer wieder zu verlieren. Die Liebe ist also das Ergebnis eines evolutionären Prozesses.

Er hat uns selbst als zur Liebe befähigte Menschen hervorgebracht. Wir sind auch die einzigen Lebewesen, die in der Lage sind, diesen Prozess zu erkennen. Und was wir erst einmal erkannt haben, könnten wir auch bewusst gestalten ...

geisterung« entsteht immer dann, wenn Liebe – also Verbundenheit und Freiheit – sich mit Wissen verbindet.

Deshalb möchten wir Sie, liebe Leserin, lieber Leser, herzlich einladen, Ihr Wissen und Ihre Erfahrungen mit uns und allen anderen zu teilen. Schreiben Sie eigene Erlebnisse und Erfahrungen auf, die ihnen gezeigt haben, dass es gelingen kann, unsere menschlichsten Sehnsüchte zu erfüllen. Schildern Sie Beispiele, die deutlich machen, dass es überall möglich ist, Erfahrungsräume zu schaffen, in denen Menschen erleben, wie bereichernd es ist, wenn sie gemeinsam mit anderen über sich hinauswachsen können. Schicken Sie diese Beispiele an *www.sinn-stiftung.eu/forum*.

Jeder, der sich heute auf der Welt umschaut, wird schnell bemerken, dass die Entfaltung von Verbundenheit und Freiheit durchaus noch nicht dort angekommen ist, wo sie einmal ankommen könnte. »Der Übergang vom Affen zum Menschen sind wir«, mit dieser knappen Feststellung hat bereits Konrad Lorenz sehr bildhaft den gegenwärtigen Stand dieses Entwicklungsprozesses beschrieben: Wir beginnen zu ahnen, was aus uns werden könnte. Gleichzeitig schleppen wir aber noch immer eine Vielzahl unterschiedlicher, aus unserer Vergangenheit mitgebrachter und fest im Hirn verankerter Vorstellungen mit uns herum, die uns daran hindern, zu dem zu werden, was wir werden könnten.

Neue Vorstellungen entwickeln

Wir wissen, dass wir die Probleme, die wir mit diesen alten, unser bisheriges Denken, Fühlen und Handeln bestimmenden Vorstellungen erzeugt haben, nicht mit denselben Vorstellungen auch lösen können.

Aber diese alten, von unseren jeweiligen Vorfahren entwickelten und über Generationen hinweg erfolgreich benutzten Welt-, Feind- und Menschenbilder haben sich tief in unsere Gehirne eingegraben, sie sind noch immer so fest im kollektiven Gedächtnis von Familien, Sippen, Stämmen und Volksgruppen verankert und werden durch Gesetze, Glaubens- und Verhaltensregeln und Vorschriften so stark gefestigt, dass die inzwischen notwendige über alle Unterschiede hinausgehende, gemeinsame Suche nach Lösungen bis heute weitestgehend verhindern.

Es ist schwer, diese alten Vorstellungen loszuwerden. Schließlich haben die Menschen verschiedener Herkunft

Aus natur- und geisteswissenschaftlicher Perspektive haben wir in diesem Buch einige Grundlinien aufgezeigt, wie sich die Potenziale von uns Menschen in Verbundenheit und Freiheit entfalten und wir damit unsere Zukunft gestalten können. Ob diese Zukunft gelingen wird, hängt davon ab, ob ausreichend viele Menschen sich ihrer Sehnsüchte und Potenziale bewusst werden und Entwicklungsräume dafür öffnen und gestalten. Und ob es ihnen gelingt, sich mit ihren jeweiligen Talenten und Begabungen, mit ihren unterschiedlichen Fähigkeiten und Erfahrungen in einer Weise so zusammenzuschließen, dass etwas entsteht, was mehr ist als das, was ein einzelner Mensch allein zu leisten imstande wäre. Der Philosoph Max Scheler hat es vor hundert Jahren so gesagt: »Geist« und damit auch »Be-